종이접기 조형 작가 맹형규 작품집

ORIGAMI POLARIS

NO.1 FISHES

오리가미 폴라리스 NO.1 물고기편

ORIGAMI POLARIS

COVER STORY

작품마다 어울리는 종이가 있습니다. 이 책에 수록된 작품들은 너무 얇지도 두껍지도 않은 종이로 접을 수 있도록 구성했습니다. 화보 속 작품 대부분은 색종이 두께로도 충분히 접을 수 있습니다.

표지에 사용된 플러피는 두께감 있는 종이입니다. 이보다는 얇은 평량 40~60g/㎡(gsm) 정도인 색 한지, 색종이, 크라프트지 등으로 접는 것을 추천합니다. 너무 큰 종이를 사용하기보다는 20~30cm의 종이로 접었을 때 가장 완성도가 높습니다.

There is a type of paper that goes well with each origami work. The works in this book are foldable with normal colored paper that is neither too thin nor too thick.

The fluffy paper used for the cover is a thick piece of paper. Rather, it is recommended to fold it with colored hanji, colored paper, kraft paper, etc. with basic weight of 40~60g/㎡(gsm). Rather than using paper that is too large, it is best to fold it into 20~30cm size paper.

PROLOGUE

대한민국에서 종이접기는 주로 어린이 놀이로 여겨져 왔습니다. 그러나 종이접기는 단순한 놀이가 아닌 예술적 가치를 지닌 독창적인 분야입니다. 따라서 이 책은 종이접기의 가능성을 널리 알리고, 단순한 교육적인 측면을 넘어 예술로서의 가치를 전하고자 합니다. 특히 더욱 전문적인 종이접기를 원하는 독자를 위해 기획되었으며, 쉬운 단계부터 점차 어려운 단계로 나아가도록 난이도로 구성해 체계적인 실력 향상을 돕습니다. 필자는 여러 행사, 전시, 광고 프로젝트를 통해 종이접기에 대한 대중의 기대와 어려움을 깊이 이해하게 되었습니다. 일반인이 마니아로 성장하는 과정이 쉽지 않음을 알기에, 이 책에서는 천천히 단계를 밟아 나가며 자연스럽게 실력을 기를 수 있도록 안내합니다.

종이를 한 장이 아닌 여러 장을 사용하거나 가위를 활용하면 훨씬 편하고 쉽게 작업할 수 있을 텐데, 왜 한 장의 종이만을 고집하느냐는 질문을 종종 받습니다. 하지만 이것이 바로 종이접기 예술의 본질이라 할 수 있습니다. 제한된 한 장의 종이로 작업하며 끊임없이 고민하고 연구한 끝에 완성된 작품은 그만큼 더 큰 성취감을 선사합니다. 치밀한 각도 계산과 섬세한 표현은 종이접기만이 가진 독창적인 매력이며, 이러한 작업은 수학적인 부분과도 깊은 연관이 있습니다. 종이접기의 이러한 특징은 다른 예술 장르에서 쉽게 찾아볼 수 없는 특별한 포인트로, 이를 통해 독자들도 새로운 감동과 흥미를 느낄 수 있으리라 생각합니다.

필자는 물고기를 좋아하는 사람으로서, 종이접기를 통해 그 아름다움을 전하고 싶었습니다. 각 작품의 디테일에 고증을 반영했기에 이를 감상하는 즐거움도 있습니다. 이 책을 통해 많은 이들이 종이접기의 진정한 아름다움과 함께 물고기의 매력 또한 느끼기를 바랍니다. 종이 한 장에서 시작해 독창적이고 생동감 있는 예술 작품으로 완성해 나가는 과정이 깊은 만족과 보람으로 연결되기를 소망합니다. 감사합니다.

In South Korea, origami has been primarily considered a child's game. However, origami is not just a game, it is an original field with artistic value. Therefore, this book aims to spread the possibility of origami and convey its value as an art beyond just an educational aspect. It is designed especially for readers who want to be more professional in origami, and it is structured to gradually progress from easy steps to difficult stages to help them improve their skills systematically. Through various events, exhibitions, and advertising projects, I have gained a deep understanding of the public's expectations and challenges regarding origami. Knowing that the process of becoming an enthusiast is not easy, this book guides you through gradual steps to develop your skills naturally.

I am often asked why I stick to just one sheet of paper when using multiple sheets of paper or scissors would be much more comfortable and easier to work with. But that's the essence of origami art. After continuous deep thought and research, working on a limited sheet of paper, the finished work gives you a greater sense of accomplishment. The meticulous calculation of angles and delicate expressions are the unique charm of origami, and the work is also deeply connected to the mathematical part. This characteristic of origami is not easily found in other art genres, and I believe that readers will be able to feel new excitement and interest through it.

As a fish lover, I wanted to convey its beauty through origami. The details of each work are attributed to the source, and it's a pleasure to dig through. Through this book, I hope that many people will feel the true beauty of origami as well as the charm of fish. We hope that the process of starting from a piece of paper and turning it into an original and vibrant work of art will lead to deep satisfaction and reward.

맹형규 Maeng hyeong kyu

QR코드를 통해 작품을 접는
시연 영상으로 연결됩니다.

CONTENTS

PART 1.

MODEL INSTRUCTIONS

치밀하게 계산된 선들이 모여 평면 도면을 이루고, 그 도면이 다시 입체로 만들어지며
작품을 탄생시키는 것. 그것이 바로 종이접기의 매력입니다.

Carefully calculated lines come together to form a flat drawing, and the
drawings are made into a three-dimensional shape to create a work – that is
the charm of origami.

물고기
FISH

18×18cm, 플러피(비오톱 활용 가능)

이 작품은 특정 물고기를 모티브로 삼기보다는 물고기의 본질적이고 기본적인 특징을 담아내고자 창작되었습니다. 아가미, 등, 항문, 배, 꼬리의 지느러미를 포함하여 총 일곱 개의 지느러미를 세심히 표현했으며, 종이접기만의 표현 또한 작품에 녹여냈습니다. 단순함 속에서도 물고기의 핵심을 구현한 이 작품은 디테일과 조형미를 통해 한층 더 깊은 매력을 선사합니다.

This work was created to capture the essential and basic characteristics of a fish, rather than representing a specific fish. A total of seven fins including gill, back, anus, belly, and tail were carefully expressed, and the expression of origami was also incorporated into the work. This work, which embodies the essence of the fish in its simplicity, gives it a deeper charm through its details and plastic beauty.

page 53

마무리 단계에서는 계단접기 기법을 활용하여
종이의 결을 살리고, 빛과 그림자가 조화를 이
루는 미적 효과를 연출합니다. 이는 종이접기
의 구조적인 아름다움을 강조하며 입체감을
더욱 극대화하는 역할을 합니다. 또한 등지느
러미와 항문지느러미가 동일한 가지에서 자연
스럽게 뻗어 나오도록 설계하여 효율적인 구조
를 완성합니다.

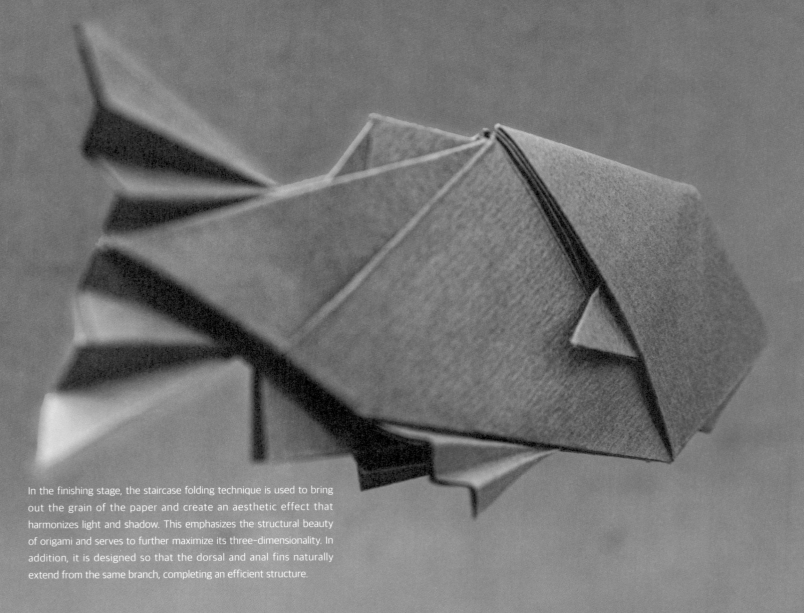

In the finishing stage, the staircase folding technique is used to bring out the grain of the paper and create an aesthetic effect that harmonizes light and shadow. This emphasizes the structural beauty of origami and serves to further maximize its three-dimensionality. In addition, it is designed so that the dorsal and anal fins naturally extend from the same branch, completing an efficient structure.

구피

30×30cm, 플러피(비오톱 활용 가능)

GUPPY

남미에 서식하는 화려한 송사리인 구피입니다. 물고기는 보통 알을 낳는데 구피는
특이하게 새끼를 낳습니다. 이를 난태생이라 합니다. 다양한 형태가 있으며 사육이
쉽고 번식 또한 쉬워서 애완용으로 인기가 많은 물고기입니다. 수조에 암컷이 너무
많으면 그중 몇 마리가 수컷으로 성전환을 하는 특이한 어종이기도 합니다.

It is a guppy that is a colorful killifish native to South America. Fish usually
lay eggs, but guppies peculiarly produce offspring. This is called oviparous.
Guppies come in a variety of appearances, are easy to keep and breed well,
making them popular pets. It is also an unusual species of fish that if there
are too many females in the tank, several of them will change sex to males.

page 58

15

배 부분의 폴리곤 아트와 같은 볼륨감 표현이 돋
보이는 작품으로 입체적인 구조를 강조했습니
다. 가장 대중적인 구피 형태를 모티브로 삼아 창
작했으며, 주로 수면에 떠 있는 먹이를 섭취하는
어종의 특징을 반영하여 입술이 위쪽을 향하도
록 디자인했습니다.

16

The belly part is a work that stands out for its voluminous expression like polygon art, emphasizing its three-dimensional structure. It was created using the most popular guppy shape as a motif, and was designed with the lips pointing upwards, reflecting the characteristics of fish species that feed mainly on the surface of the water.

옐로우탱

25×25cm, 플러피(비오톱 활용 가능)

YELLOW TANG

'노란색 바닷물고기' 하면 누구나 대표적으로 떠올리는 물고기입니다. 해수어의 대표적인 관상어 중 하나로 밝은 노란색을 띠고 있습니다. 이 물고기의 특징으로는 긴 주둥이와 큰 눈이 있으며, 이러한 독특한 외형적 특징을 중점적으로 창작에 반영했습니다.

보기에는 쉬워 보일지라도 종이접기로 표현하기에는 까다로운 점이 많습니다. 곡선 표현, 지느러미와 몸통의 애매한 경계 등은 창작 과정에서 매우 어려운 부분들입니다. 그만큼 완성했을 때의 애착이 큰 작품이므로 그 매력과 섬세한 디테일을 느껴보시길 바랍니다.

When it comes to "yellow color seawater fish", it is a fish that everyone thinks of. It is one of the representative ornamental fish of the seawater family and has a bright yellow color. The characteristics of this fish include a long snout and large eyes, and these distinctive external features were the focus of their creation.

It's easy to look at, but there are a lot of tricky parts to express with origami. The curves and the ambiguous boundaries between the fins and the body are some of the most challenging parts of the creative process. It is a work that I have a great attachment to, so I hope you will feel its charm and delicate details.

page 66

주둥이의 곡선 표현으로 전체적인 라인을
살리고 입체감을 강조할 수 있습니다. 또
한 등지느러미에 접기 선을 더하여 잔가시
를 표현하면 디테일이 살아나고 사실적인
질감을 더욱 강조할 수 있습니다.

The curved expression of the spout can bring out the overall line and emphasize the three-dimensionality. Additionally, adding a fold line to the dorsal fin can bring out the detail and further accentuate the realistic texture.

금붕어
GOLDFISH

30×30cm, 비오톱

금붕어는 우리에게 매우 친숙한 물고기 중 하나로, 그 독특한 매력과 아름다움으로 많은 이들의 사랑을 받아왔습니다. 이 작품은 금붕어를 모티브로 삼아 창작되었습니다. 금붕어의 다양한 형태 중에서도 개량이 덜 된 자연스러운 원형에 가까운 모습을 기반으로 합니다. 금붕어의 얼굴에 대한 세부적인 디테일보다는 우아한 지느러미 표현에 집중했고, 이를 통해 종이접기 특유의 선과 그림자의 조화를 느낄 수 있습니다. 금붕어의 우아함과 동시에 종이접기 예술의 본질적 아름다움을 느껴보세요.

Goldfish are one of the fish that we are very familiar with, and they have been loved by many for their unique charm and beauty. This work was created with the motif of a goldfish. Among the many forms of goldfish, they are based on their natural original appearance. Rather than the details of a goldfish's face, the elegant expression of the fins is emphasized, and through this, you can feel the harmony of lines and shadows that are unique to origami. Feel the elegance of a goldfish and at the same time the intrinsic beauty of the art of origami.

page 78

마지막 단계에서 계단접기 기법을 활용해 금붕어 특
유의 풍성한 부피감을 강조했습니다. 특히 지느러미
부분의 계단접기를 더욱 가늘고 정교하게 조절하면
다양한 형태로 연출할 수 있습니다. 색 반전이 있는
종이도 활용해 보세요. 다양한 종이를 사용하여 접어
보는 것도 좋은 방법입니다.

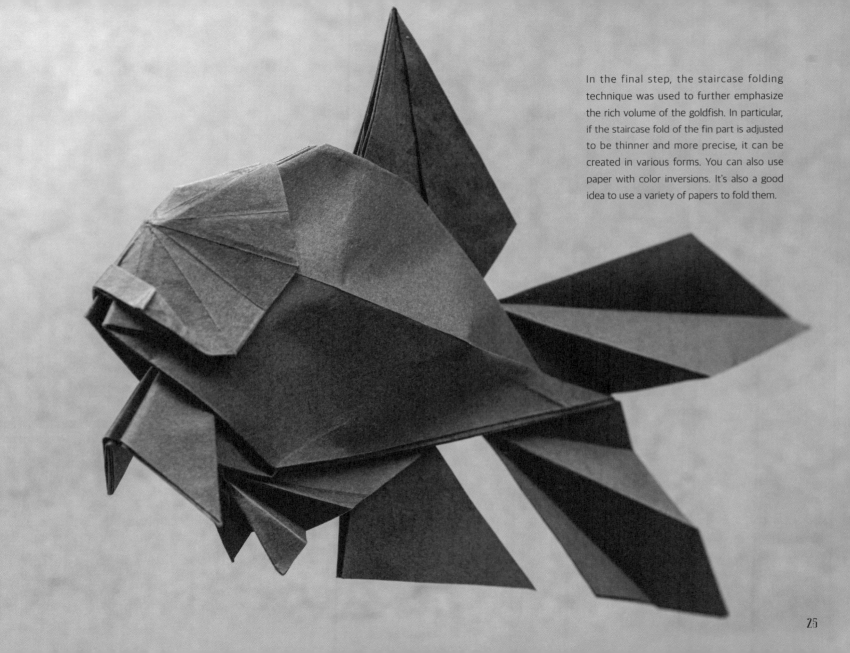

In the final step, the staircase folding technique was used to further emphasize the rich volume of the goldfish. In particular, if the staircase fold of the fin part is adjusted to be thinner and more precise, it can be created in various forms. You can also use paper with color inversions. It's also a good idea to use a variety of papers to fold them.

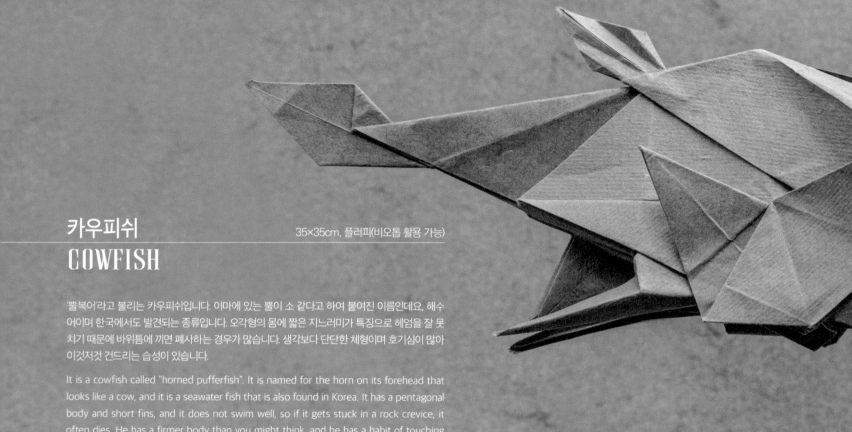

카우피쉬
35×35cm, 플러피(비오톱 활용 가능)
COWFISH

'뿔복어'라고 불리는 카우피쉬입니다. 이마에 있는 뿔이 소 같다고 하여 붙여진 이름인데요, 해수어이며 한국에서도 발견되는 종류입니다. 오각형의 몸에 짧은 지느러미가 특징으로 헤엄을 잘 못치기 때문에 바위틈에 끼면 폐사하는 경우가 많습니다. 생각보다 단단한 체형이며 호기심이 많아이것저것 건드리는 습성이 있습니다.

It is a cowfish called "horned pufferfish". It is named for the horn on its forehead that looks like a cow, and it is a seawater fish that is also found in Korea. It has a pentagonal body and short fins, and it does not swim well, so if it gets stuck in a rock crevice, it often dies. He has a firmer body than you might think, and he has a habit of touching things with a lot of curiosity.

page 87

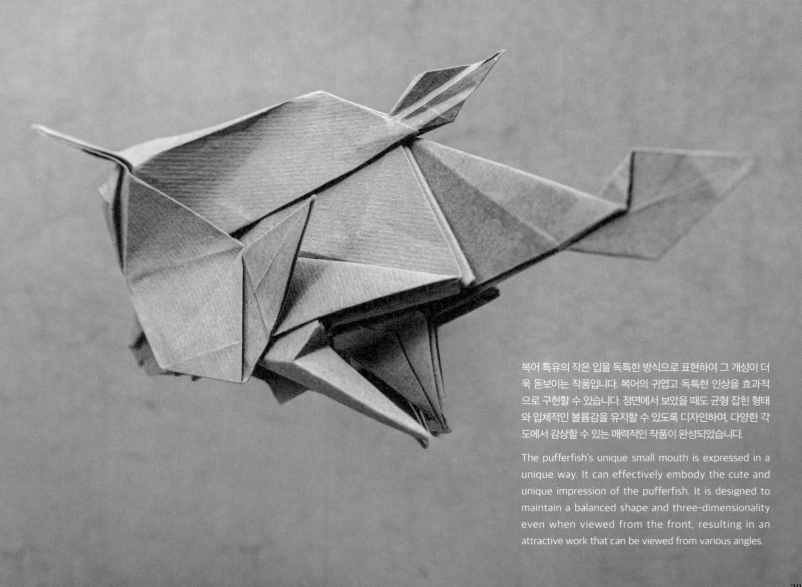

복어 특유의 작은 입을 독특한 방식으로 표현하여 그 개성이 더욱 돋보이는 작품입니다. 복어의 귀엽고 독특한 인상을 효과적으로 구현할 수 있습니다. 정면에서 보았을 때도 균형 잡힌 형태와 입체적인 볼륨감을 유지할 수 있도록 디자인하여, 다양한 각도에서 감상할 수 있는 매력적인 작품이 완성되었습니다.

The pufferfish's unique small mouth is expressed in a unique way. It can effectively embody the cute and unique impression of the pufferfish. It is designed to maintain a balanced shape and three-dimensionality even when viewed from the front, resulting in an attractive work that can be viewed from various angles.

디스커스
35×35cm, 구김지(비오톱 활용 가능)

DISCUS

남미 아마존강에 서식하는 담수어의 왕자 디스커스입니다. 이름의 어원은 디스크처럼 생겼다고 하여 붙여졌습니다. 수명이 10~12년 사이로 담수어 중에서는 수명이 긴 물고기입니다. 사육하기 쉽지만 번식 시에 건기와 우기 사이에서 발생하는 pH 농도의 차이를 맞춰줘야 해서 번식은 어렵습니다. 형태는 같지만 다양한 색상으로 개량되어 종류가 굉장히 많습니다.

Discus is the prince of freshwater fish that lives in the Amazon River in South America. The origin of the name is that it looks like a disk. With a lifespan of 10~12 years, it is one of the longest-living freshwater fish. It is easy to grow, but it is difficult to breed because it is necessary to adjust the difference in pH concentration that occurs between the dry and rainy seasons. It has the same shape, but it has been improved in a variety of colors, and there are a lot of different types.

page 98

균형이 잘 잡힌 작품입니다. 종이접기 표현도 적절하게 들어가 있으며 실제 디스커스의 특징도 잘 담아냈습니다. 디스커스 특유의 앙증맞은 입술 표현이 포인트가 되며, 적절한 계단접기가 작품의 완성도를 높여줍니다.

It's a well-balanced work. The origami expression is appropriately incorporated, and the characteristics of the actual Discus are well captured. The cute lip expression unique to Discus is the highlight, and the proper staircase folding technique enhances the completeness of the work.

코리도라스
45×45cm, 플러피(비오톱 활용 가능)
CORYDORAS

아마존을 대표하는 메기 종류 중 하나인 코리도라스입니다. 귀여운 외모와 온순한 성격 덕분에 애완용으로 인기가 아주 많습니다. 바닥에 있는 먹이를 주로 먹어서인지 입의 방향도 아래를 향합니다. 가슴지느러미와 등지느러미는 굵고 날카로우며 독을 지니고 있어 스트레스를 받으면 독을 내뿜고, 그로 인해 같은 어항에 있는 물고기가 함께 죽기도 합니다. 굉장히 다양한 종류가 있으며 그 생김새 또한 천차만별입니다. 가장 평균적인 코리도라스의 모습을 모티브로 삼아 창작했습니다.

It is one of the representative catfish species in the Amazon, Corydoras. Thanks to their cute appearance and gentle habits, they are very popular as pets. Because it feeds mainly the food on the river ground, its mouth is also oriented downward. The pectoral and dorsal fins are thick, sharp, and venomous, and when stressed, they emit venom, which can cause the death of fish in the same tank. There are so many different types and so many different appearances. It was created based on the most average figure of Corydoras.

page 106

코리도라스의 특징인 4개의 수염과 둥근 눈을 중점적으로 표현하여 특징을 담았습니다. 특히 배 부분을 벌려 입체감을 강조하는 것이 중요한 포인트입니다. 또한 정면에서 바라볼 때 매력적인 작품이 될 수 있도록 디자인하여, 코리도라스 특유의 귀엽고 친근한 인상을 잘 살렸습니다.

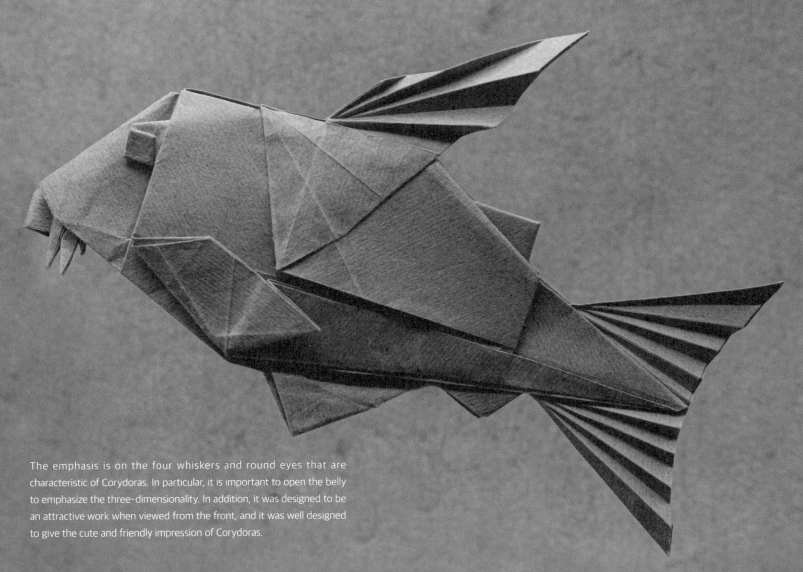

The emphasis is on the four whiskers and round eyes that are characteristic of Corydoras. In particular, it is important to open the belly to emphasize the three-dimensionality. In addition, it was designed to be an attractive work when viewed from the front, and it was well designed to give the cute and friendly impression of Corydoras.

망둑어
45×45cm, 플러피(비오톱 활용 가능)
MUDSKIPPER

망둑어는 갯벌 위를 자유롭게 뛰어다니며 독특한 매력을 발산하는 물고기입니다. 이 작은 생명체는 생물학적인 특징 그 자체로도 흥미롭지만 특유의 개성 넘치는 표정에 매료되는 사람들이 많습니다. 익살스러우면서도 살짝 심술궂은 듯한 표정이 망둑어의 진정한 매력이겠죠. 이러한 망둑어의 특성을 작품으로 표현하고자, 그 익살스럽고도 심술궂은 얼굴을 가장 중요한 포인트로 삼았습니다. 작품을 구상하는 과정에서 망둑어 특유의 생동감과 표정이 고스란히 전달될 수 있도록 세부적인 디테일을 강조하고 표현에 집중했습니다.

The mudskipper is a fish that roams freely on the tidal flats and has a unique charm. While these tiny creatures are biologically interesting, many people are particularly fascinated by the unique facial expressions of the mudskipper. The antic and slightly grumpy look on its face is the real charm of it. In order to express these characteristics of the mudskipper language in my work, I made its humorous and grumpy face the most important point. In the process of conceiving the work, I focused on the details and their expression so that the liveliness and expressions unique to the mudskipper could be conveyed.

page 116

심술 가득한 얼굴이 중점이 되는 작품입니다. 입술을 벌려 표현하는 방법도 있지만 도면에서는 깔끔하게 처리했습니다. 입술도 벌려서 접어보면 더욱 생동감 넘치는 작품이 탄생합니다. 아가미 속에서 튀어나오는 지느러미의 표현이 좋은 작품입니다.

It is a work that focuses on grumpy faces. There is also a way to express it by opening the lips, but in the drawing, it was done neatly. If you fold it as its lips open, you will create a more vibrant work. The expression of the fins protruding from the gills is a good point.

메기
45×45cm, 플러피(비오톱 활용 가능)
CATFISH

민물의 포식자이자 매운탕으로 포식이 되기도 하는 메기입니다. 입가에 달린 두 쌍의 수염과 큰 입이 특징이지만, 메기는 사는 곳이 넓고 종류도 많은 만큼 그 생김새는 천차만별입니다. 말랑한 종부터 단단한 외골격을 가진 종도 많고, 남미의 종(돌핀 캣피쉬)은 메기의 상징인 수염이 없습니다. 메기는 생김새가 고양이의 수염을 떠올리게 한다고 해서 영어로는 'Cat Fish'라고 부릅니다. 메기에게는 수염이 굉장히 중요한데, 그 민감도가 보통이 아니어서 진흙 바닥의 진동을 느낄 정도라고 합니다. 또한 미각을 느끼는 미뢰가 모든 동물을 통틀어서 가장 많아, 입뿐만 아니라 머리로도 맛을 느낄 수 있는 어종입니다.

Catfish are freshwater predators, but people also catch them as a material of spicy soup. It is characterized by two pairs of whiskers and a large mouth, and catfish live in a wide range of areas and vary in appearance. Many species range from soft to hard exoskeletons, and the South American species (dolphin catfish) do not have the whiskers that are the symbol of catfish. The catfish is called a 'Cat Fish' in English because its appearance is reminiscent of a cat's whiskers. Whiskers are very important to catfish, and their sensitivity is so high that they can feel the vibrations of the mud floor. It is also said that the taste buds that sense taste are the most of any animal, and they can taste with their head as well as their mouth.

page 130

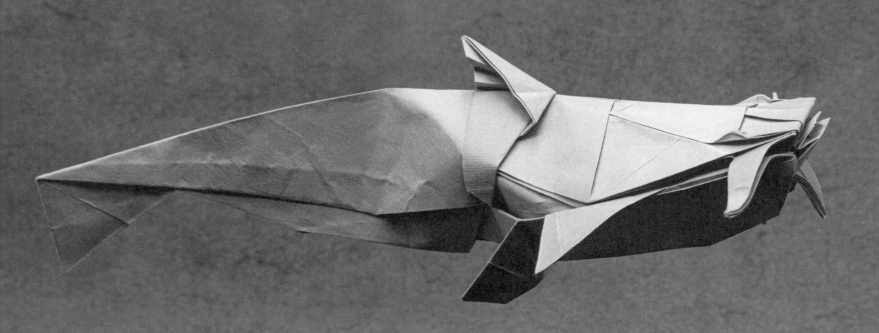

이 책에 실린 작품 중에서 가장 부피감이 크며 입체적인 형태감이 돋보입니다. 특히 위에서 바라보았을 때 다이아몬드 형태를 이루는 구조는 메기의 특징을 표현하는 데 가장 이상적인 디자인이라고 할 수 있습니다.

이 작품은 보는 각도에 따라 다른 매력을 지니고 있습니다. 위에서 바라볼 때는 얼굴 표현이 강조되며, 아래에서 볼 때는 구조적인 입체감이 도드라집니다. 이러한 다양한 매력이 조화를 이루어 다양한 시점에서 감상할 수 있는 작품으로 완성되었습니다.

It is the most bulky and three-dimensional of the works in this book. In particular, when viewed from above, the diamond-shaped structure is the most ideal design to express the characteristics of catfish.

This work has a different charm depending on the angle from which it is viewed. When viewed from above, the facial expression is emphasized, and when viewed from below, the structural dimension stands out. These different charms come together and can be appreciated from different perspectives.

엔젤피쉬
50×50cm, 풀 먹인 한지

ANGELFISH

마름모 모양의 몸통과 긴 지느러미를 가진 화려한 담수어, 엔젤피쉬입니다. 여러 마리가 같이 있을 때 그 화려함은 배가됩니다. 다양한 형태로 개량되었으며 애완용으로도 인기가 아주 많습니다. 돌 같은 곳에 알을 붙여서 번식하고 태어날 때까지 어미가 곁을 지킵니다. 암수 형태가 거의 비슷하여 구별하기가 쉽지 않은 어종입니다.

Angelfish are colorful freshwater fish with a rhombus-shaped body and long fins. When there are several of them together, the splendor is multiplied. It has been improved in various forms and is very popular as a pet. The eggs are attached to a stone-like place to hatch and the mother stays by their side until they are born. It is a species of fish that is almost similar in form to the male and female, so it is not easy to distinguish between them.

page 146

이 작품은 엔젤피쉬의 얼굴을 중심으로 섬세한 특징을 강조했습니다. 특히 기다란 지느러미와 독특한 형태를 최대한 자연스럽게 표현했습니다. 화보에 등장하는 엔젤피쉬는 지느러미를 펼친 모습을 모티브로 그 우아한 모습을 부각시키기 위해 연출했습니다.

The work focuses on the face of the angelfish, emphasizing its delicate features. In particular, the long fins and unique shapes were expressed as naturally as possible. The angelfish featured in the photo was created to highlight its graceful appearance with its fins outstretched.

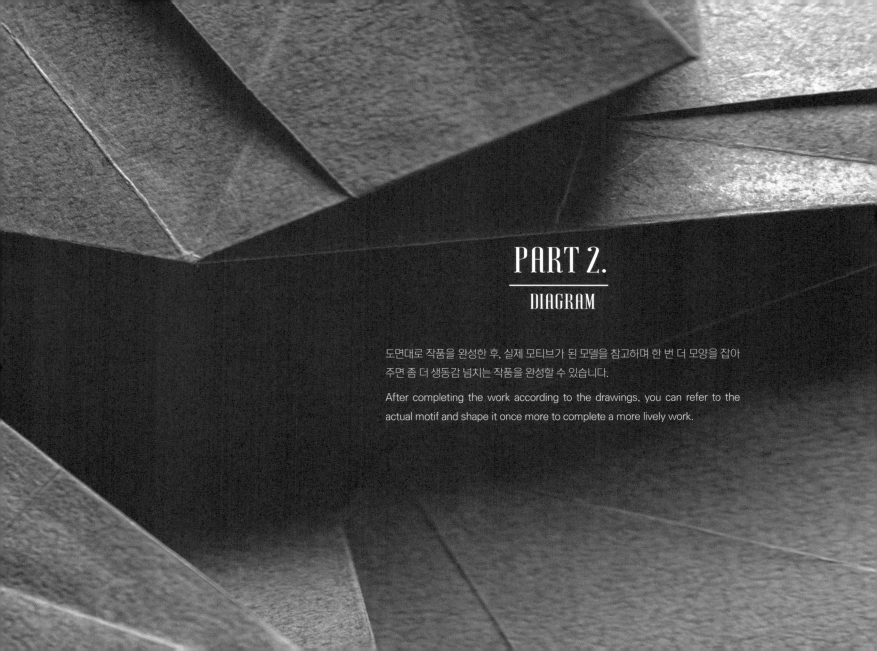

PART 2.
DIAGRAM

도면대로 작품을 완성한 후, 실제 모티브가 된 모델을 참고하며 한 번 더 모양을 잡아
주면 좀 더 생동감 넘치는 작품을 완성할 수 있습니다.

After completing the work according to the drawings, you can refer to the
actual motif and shape it once more to complete a more lively work.

1. 화살표 기호 Symbols for arrows

골접기 Valley fold	산접기 Mountain fold	접었다 펼치기 Fold, then unfold	계단접기 Step-fold	펼치기 Spread

잡아당기기 Pull out	회전하기 Rotate	뒤집기 Turn over	확대/축소 Magnification / Reduction	밀어넣기 Push in

2. 접기 선 Fold line

골접기 선 Line of valley fold	산접기 선 Line of mountain fold

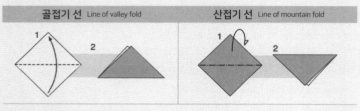

3. 종이의 방향 Direction of paper

회전하기 Rotation	뒤집기 Turn over

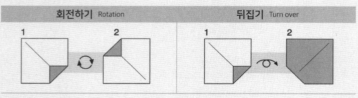

4. 보조 기호 Auxiliary symbols

길이의 등분 Equal division of length	주의해야 할 곳 Point to watch out	숨어 있는 선 Hidden line	90도 Right angle	보는 방향 Direction of view

5. 기본 접기 Basic folding

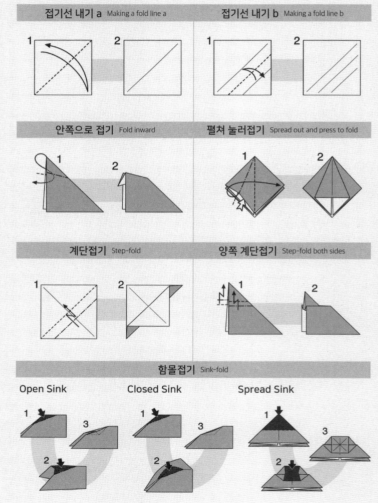

접기선 내기 a Making a fold line a	접기선 내기 b Making a fold line b

안쪽으로 접기 Fold inward	펼쳐 눌러접기 Spread out and press to fold

계단접기 Step-fold	양쪽 계단접기 Step-fold both sides

함몰접기 Sink-fold

Open Sink   Closed Sink   Spread Sink

물고기 | FISH

18×18cm, 플러피(비오톱 활용 가능)

이 책에서 가장 간단한 작품이지만, 종이접기의 기본적인 표현 방식만으로 구현해 낸 원초적인 물고기 형태입니다. 특별한 기준점을 두지 않고 사각 주머니 접기를 시작으로 진행하며, 단순한 표현만으로 물고기의 특징을 정갈하게 구현했습니다. 작은 크기로 여러 마리를 접으면 물고기들이 물속을 유영하는 듯한 생동감 넘치는 장면을 연출할 수 있고, 지느러미의 계단접기 강도를 조절해 각기 다른 개성과 형태를 표현하는 것이 가능합니다.

It's the simplest work in the book, but it's a primitive fish form that is realized using only the basic expression of origami. Starting with the folding of a square pouch, the characteristics of the fish are neatly realized. By folding several fish into small sizes, you can create a lively scene as if the fish are swimming in the water, and you can adjust the strength of the staircase fold of the fins to express different personalities and shapes.

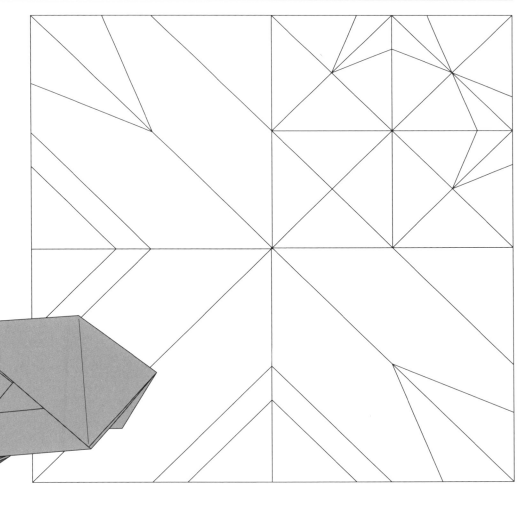

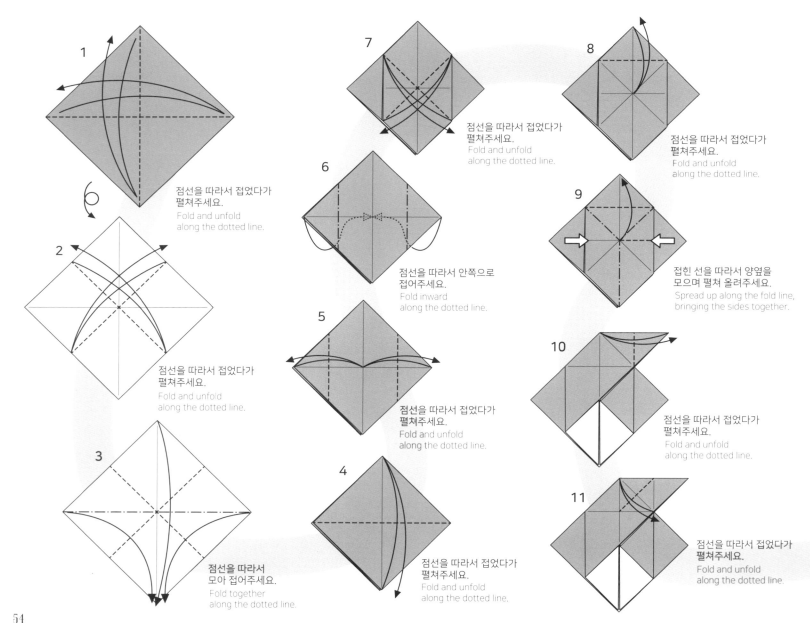

1

점선을 따라서 접었다가
펼쳐주세요.
Fold and unfold
along the dotted line.

2

점선을 따라서 접었다가
펼쳐주세요.
Fold and unfold
along the dotted line.

3

점선을 따라서
모아 접어주세요.
Fold together
along the dotted line.

4

점선을 따라서 접었다가
펼쳐주세요.
Fold and unfold
along the dotted line.

5

점선을 따라서 접었다가
펼쳐주세요.
Fold and unfold
along the dotted line.

6

점선을 따라서 안쪽으로
접어주세요.
Fold inward
along the dotted line.

7

점선을 따라서 접었다가
펼쳐주세요.
Fold and unfold
along the dotted line.

8

점선을 따라서 접었다가
펼쳐주세요.
Fold and unfold
along the dotted line.

9

접힌 선을 따라서 양옆을
모으며 펼쳐 올려주세요.
Spread up along the fold line,
bringing the sides together.

10

점선을 따라서 접었다가
펼쳐주세요.
Fold and unfold
along the dotted line.

11

점선을 따라서 접었다가
펼쳐주세요.
Fold and unfold
along the dotted line.

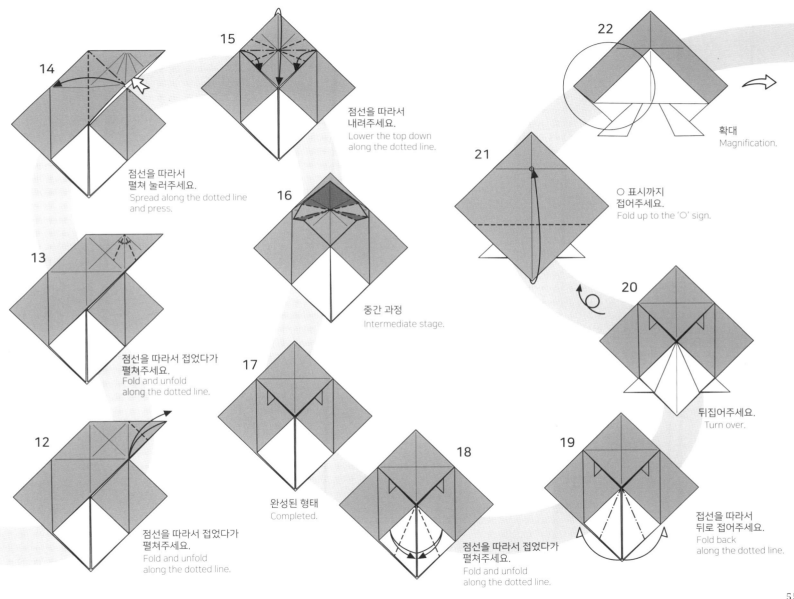

14

점선을 따라서
펼쳐 눌러주세요.
Spread along the dotted line
and press.

15

점선을 따라서
내려주세요.
Lower the top down
along the dotted line.

13

점선을 따라서 접었다가
펼쳐주세요.
Fold and unfold
along the dotted line.

16

중간 과정
Intermediate stage.

12

점선을 따라서 접었다가
펼쳐주세요.
Fold and unfold
along the dotted line.

17

완성된 형태
Completed.

18

점선을 따라서 접었다가
펼쳐주세요.
Fold and unfold
along the dotted line.

22

확대
Magnification.

21

○ 표시까지
접어주세요.
Fold up to the 'O' sign.

20

뒤집어주세요.
Turn over.

19

접선을 따라서
뒤로 접어주세요.
Fold back
along the dotted line.

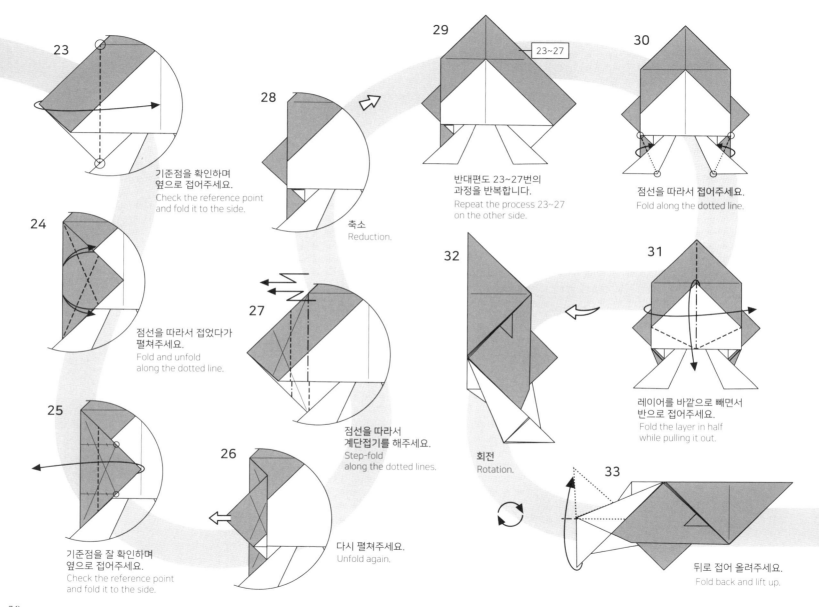

23
기준점을 확인하며
옆으로 접어주세요.
Check the reference point
and fold it to the side.

24
점선을 따라서 접었다가
펼쳐주세요.
Fold and unfold
along the dotted line.

25
기준점을 잘 확인하며
옆으로 접어주세요.
Check the reference point
and fold it to the side.

26
다시 펼쳐주세요.
Unfold again.

27
점선을 따라서
계단접기를 해주세요.
Step-fold
along the dotted lines.

28
축소
Reduction.

29
23~27
반대편도 23~27번의
과정을 반복합니다.
Repeat the process 23~27
on the other side.

30
점선을 따라서 접어주세요.
Fold along the dotted line.

31
레이어를 바깥으로 빼면서
반으로 접어주세요.
Fold the layer in half
while pulling it out.

32
회전
Rotation.

33
뒤로 접어 올려주세요.
Fold back and lift up.

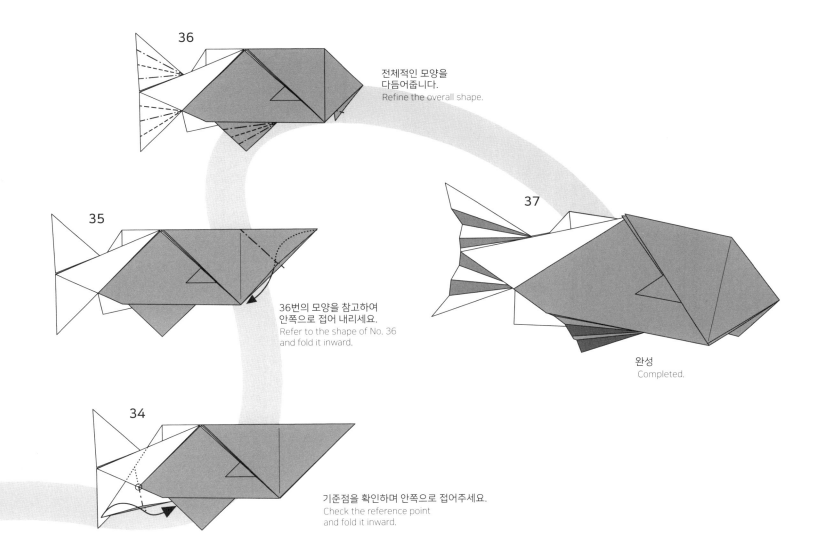

36

전체적인 모양을
다듬어줍니다.
Refine the overall shape.

35

36번의 모양을 참고하여
안쪽으로 접어 내리세요.
Refer to the shape of No. 36
and fold it inward.

37

완성
Completed.

34

기준점을 확인하며 안쪽으로 접어주세요.
Check the reference point
and fold it inward.

구피| **GUPPY**

30×30cm, 플러피(비오톱 활용 가능)

22.5도 각도를 기반으로 한 간결하면서도 정교한 작품으로, 기하학적인 선들이 깔끔하게 맞아떨어지는 과정에서 작은 희열을 느낄 수 있습니다. 특히 접는 과정에서 구조가 완성되어 가는 재미를 경험할 수 있으며, 마지막 단계에서 볼륨감을 살리는 과정이 이 작품의 흥미로운 포인트입니다. 생물학적 형태를 고려하여 배지느러미 사이에 위치한 항문지느러미도 반영하려 했으나 실제로 잘 보이지 않는 부분이기에 과감히 생략하였습니다.

It's a simple yet sophisticated work based on a 22.5-degree angle, and you can feel a little joy as the geometric lines fit together neatly. In particular, you can experience the fun of completing the structure during the folding process, and the process of creating a sense of volume at the final stage is an interesting point of this work. Considering the biological shape, we also tried to reflect the anal fin, which is located between the dorsal fins, but we boldly omitted the parts that are not actually visible.

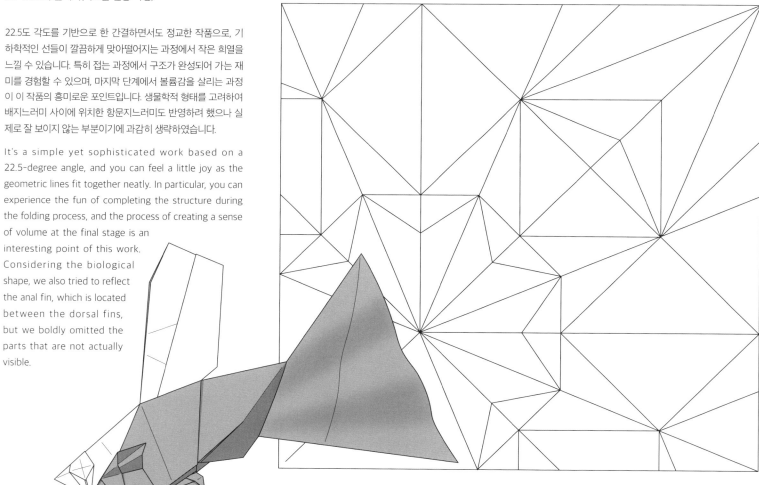

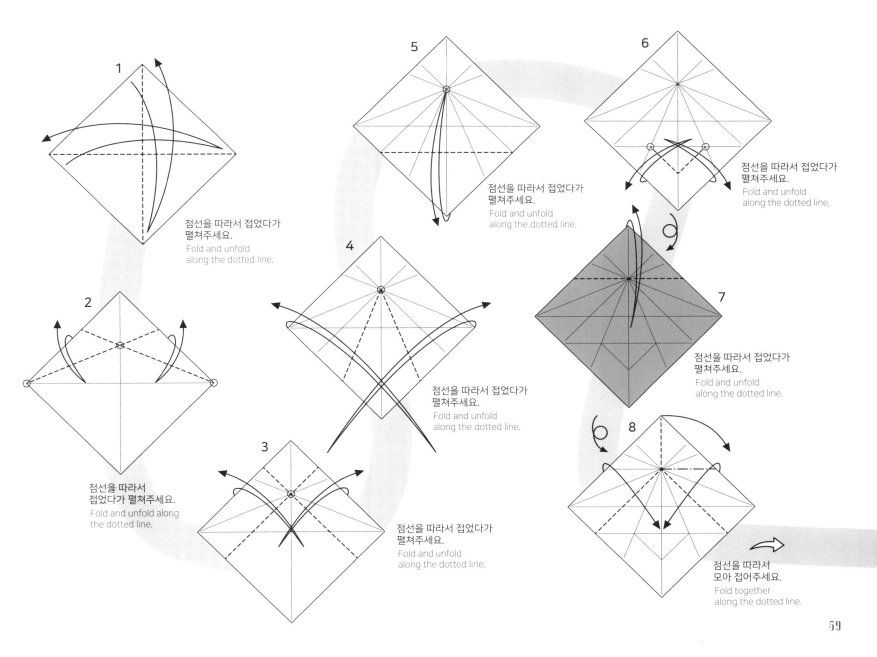

1

점선을 따라서 접었다가
펼쳐주세요.
Fold and unfold
along the dotted line.

2

점선을 따라서
접었다가 펼쳐주세요.
Fold and unfold along
the dotted line.

3

점선을 따라서 접었다가
펼쳐주세요.
Fold and unfold
along the dotted line.

4

점선을 따라서 접었다가
펼쳐주세요.
Fold and unfold
along the dotted line.

5

점선을 따라서 접었다가
펼쳐주세요.
Fold and unfold
along the dotted line.

6

점선을 따라서 접었다가
펼쳐주세요.
Fold and unfold
along the dotted line.

7

점선을 따라서 접었다가
펼쳐주세요.
Fold and unfold
along the dotted line.

8

점선을 따라서
모아 접어주세요.
Fold together
along the dotted line.

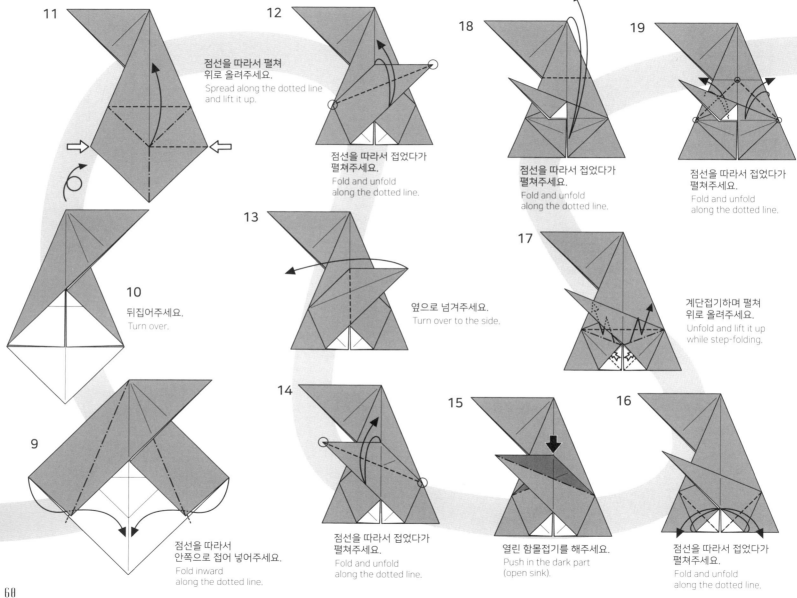

11

점선을 따라서 펼쳐
위로 올려주세요.
Spread along the dotted line
and lift it up.

12

점선을 따라서 접었다가
펼쳐주세요.
Fold and unfold
along the dotted line.

18

점선을 따라서 접었다가
펼쳐주세요.
Fold and unfold
along the dotted line.

19

점선을 따라서 접었다가
펼쳐주세요.
Fold and unfold
along the dotted line.

10

뒤집어주세요.
Turn over.

13

옆으로 넘겨주세요.
Turn over to the side.

17

계단접기하며 펼쳐
위로 올려주세요.
Unfold and lift it up
while step-folding.

9

점선을 따라서
안쪽으로 접어 넣어주세요.
Fold inward
along the dotted line.

14

점선을 따라서 접었다가
펼쳐주세요.
Fold and unfold
along the dotted line.

15

열린 함몰접기를 해주세요.
Push in the dark part
(open sink).

16

점선을 따라서 접었다가
펼쳐주세요.
Fold and unfold
along the dotted line.

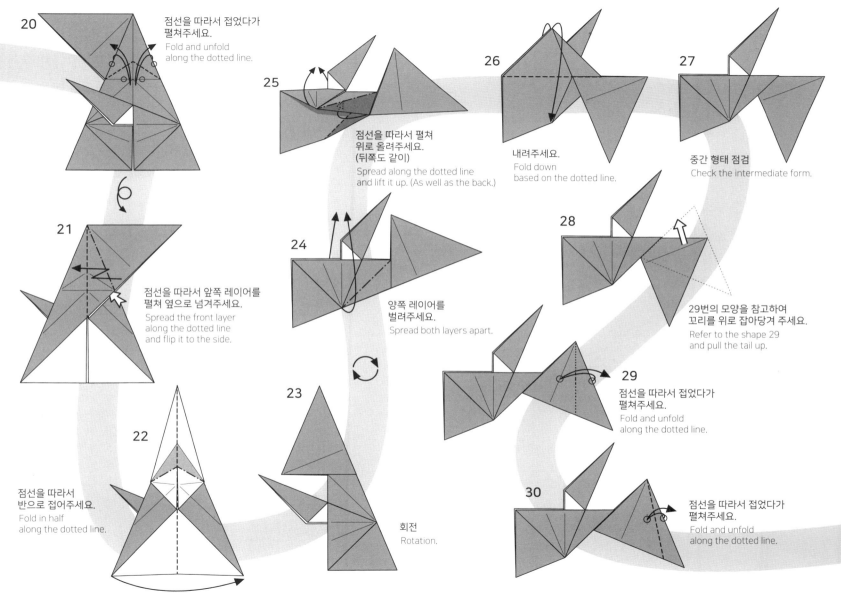

20
점선을 따라서 접었다가
펼쳐주세요.
Fold and unfold
along the dotted line.

25
점선을 따라서 펼쳐
위로 올려주세요.
(뒤쪽도 같이)
Spread along the dotted line
and lift it up. (As well as the back.)

26
내려주세요.
Fold down
based on the dotted line.

27
중간 형태 점검
Check the intermediate form.

21
점선을 따라서 앞쪽 레이어를
펼쳐 옆으로 넘겨주세요.
Spread the front layer
along the dotted line
and flip it to the side.

24
양쪽 레이어를
벌려주세요.
Spread both layers apart.

28
29번의 모양을 참고하여
꼬리를 위로 잡아당겨 주세요.
Refer to the shape 29
and pull the tail up.

29
점선을 따라서 접었다가
펼쳐주세요.
Fold and unfold
along the dotted line.

22
점선을 따라서
반으로 접어주세요.
Fold in half
along the dotted line.

23
회전
Rotation.

30
점선을 따라서 접었다가
펼쳐주세요.
Fold and unfold
along the dotted line.

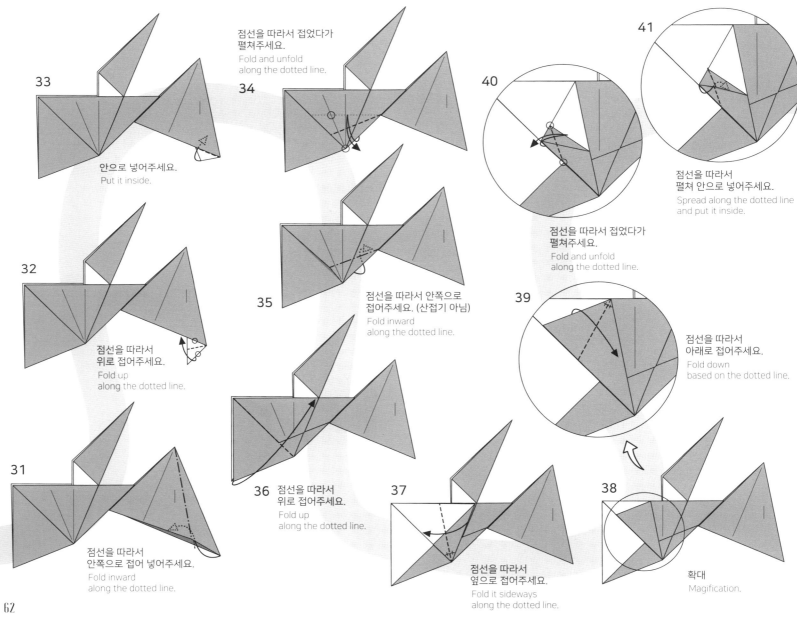

33
안으로 넣어주세요.
Put it inside.

34
점선을 따라서 접었다가
펼쳐주세요.
Fold and unfold
along the dotted line.

40

41
점선을 따라서
펼쳐 안으로 넣어주세요.
Spread along the dotted line
and put it inside.

32
점선을 따라서
위로 접어주세요.
Fold up
along the dotted line.

35
점선을 따라서 안쪽으로
접어주세요. (산접기 아님)
Fold inward
along the dotted line.

점선을 따라서 접었다가
펼쳐주세요.
Fold and unfold
along the dotted line.

39
점선을 따라서
아래로 접어주세요.
Fold down
based on the dotted line.

31
점선을 따라서
안쪽으로 접어 넣어주세요.
Fold inward
along the dotted line.

36
점선을 따라서
위로 접어주세요.
Fold up
along the dotted line.

37
점선을 따라서
옆으로 접어주세요.
Fold it sideways
along the dotted line.

38
확대
Magification.

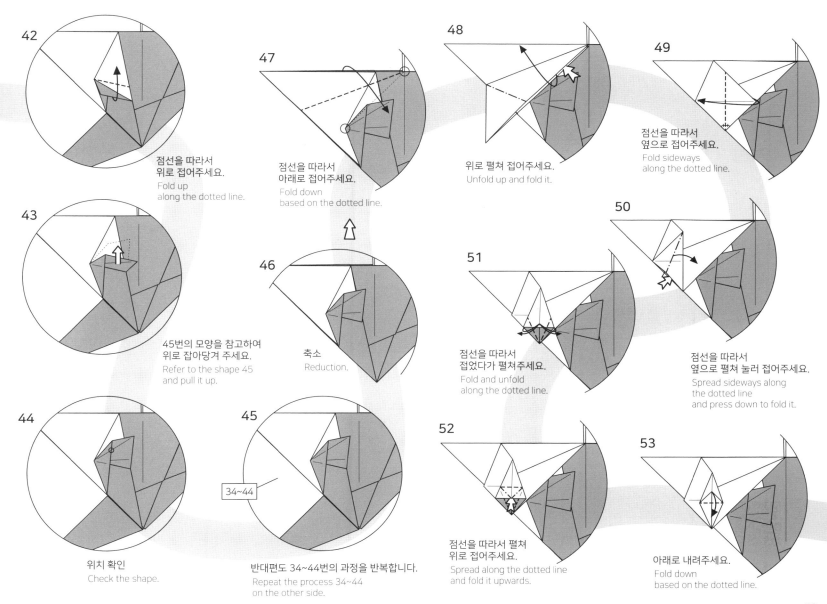

42

점선을 따라서
위로 접어주세요.
Fold up
along the dotted line.

43

45번의 모양을 참고하여
위로 잡아당겨 주세요.
Refer to the shape 45
and pull it up.

44

위치 확인
Check the shape.

45

34~44

반대편도 34~44번의 과정을 반복합니다.
Repeat the process 34~44
on the other side.

46

축소
Reduction.

47

점선을 따라서
아래로 접어주세요.
Fold down
based on the dotted line.

48

위로 펼쳐 접어주세요.
Unfold up and fold it.

49

점선을 따라서
옆으로 접어주세요.
Fold sideways
along the dotted line.

50

점선을 따라서
옆으로 펼쳐 눌러 접어주세요.
Spread sideways along
the dotted line
and press down to fold it.

51

점선을 따라서
접었다가 펼쳐주세요.
Fold and unfold
along the dotted line.

52

점선을 따라서 펼쳐
위로 접어주세요.
Spread along the dotted line
and fold it upwards.

53

아래로 내려주세요.
Fold down
based on the dotted line.

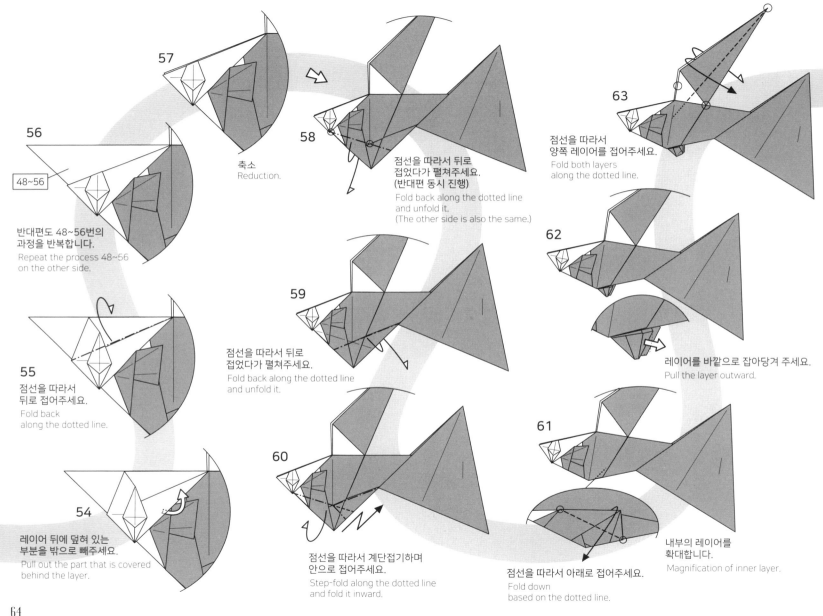

57

56

48~56

반대편도 48~56번의
과정을 반복합니다.
Repeat the process 48~56
on the other side.

55
점선을 따라서
뒤로 접어주세요.
Fold back
along the dotted line.

54
레이어 뒤에 덮혀 있는
부분을 밖으로 빼주세요.
Pull out the part that is covered
behind the layer.

축소
Reduction.

58
점선을 따라서 뒤로
접었다가 펼쳐주세요.
(반대편 동시 진행)
Fold back along the dotted line
and unfold it.
(The other side is also the same.)

59
점선을 따라서 뒤로
접었다가 펼쳐주세요.
Fold back along the dotted line
and unfold it.

60
점선을 따라서 계단접기하며
안으로 접어주세요.
Step-fold along the dotted line
and fold it inward.

61
점선을 따라서 아래로 접어주세요.
Fold down
based on the dotted line.

63
점선을 따라서
양쪽 레이어를 접어주세요.
Fold both layers
along the dotted line.

62
레이어를 바깥으로 잡아당겨 주세요.
Pull the layer outward.

내부의 레이어를
확대합니다.
Magnification of inner layer.

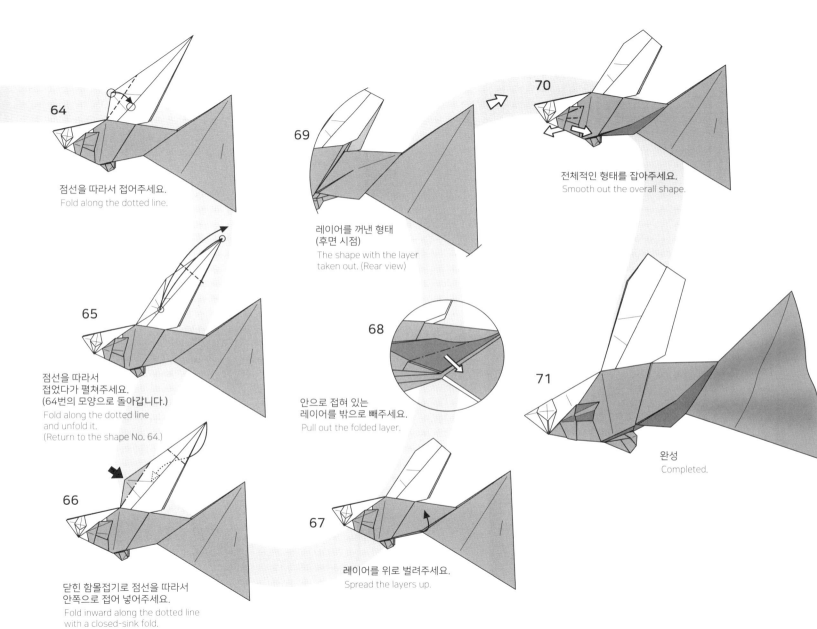

64

점선을 따라서 접어주세요.
Fold along the dotted line.

65

점선을 따라서
접었다가 펼쳐주세요.
(64번의 모양으로 돌아갑니다.)
Fold along the dotted line
and unfold it.
(Return to the shape No. 64.)

66

닫힌 함몰접기로 점선을 따라서
안쪽으로 접어 넣어주세요.
Fold inward along the dotted line
with a closed-sink fold.

69

레이어를 꺼낸 형태
(후면 시점)
The shape with the layer
taken out. (Rear view)

68

안으로 접혀 있는
레이어를 밖으로 빼주세요.
Pull out the folded layer.

67

레이어를 위로 벌려주세요.
Spread the layers up.

70

전체적인 형태를 잡아주세요.
Smooth out the overall shape.

71

완성
Completed.

옐로우탱 YELLOW TANG

25×25cm, 플러피(비오톱 활용 가능)

이 작품은 특별한 다듬기 없이 도면 그대로 완성하기를 추천합니다. 간결한 표현만으로도 옐로우탱의 특징이 잘 드러나기 때문입니다. 사용한 종이는 플러피입니다. 이 종이는 다소 두께감이 있는 재질로, 약 20cm 크기의 노란색 색종이로 접었을 때 가장 예쁜 작품이 나옵니다. 옐로우탱 한 마리보다는 두세 마리를 접어 전시하는 것이 더욱 효과적인데요, 물론 더 많은 작품을 접어서 함께 전시해도 좋습니다.

It is recommended that this work be completed as it is without any special refinement. This is because the concise expression alone reveals the characteristics of Yellow Tang. The work uses the fluffy paper. This paper is a rather thick material, and when folded into a yellow color paper about 20cm by 20cm in size, the prettiest work comes out. It's more effective to display a couple of works together.

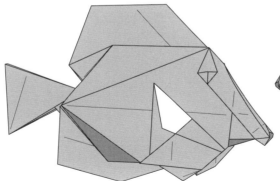

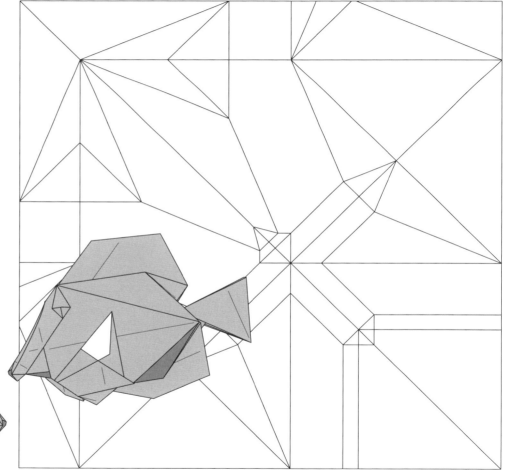

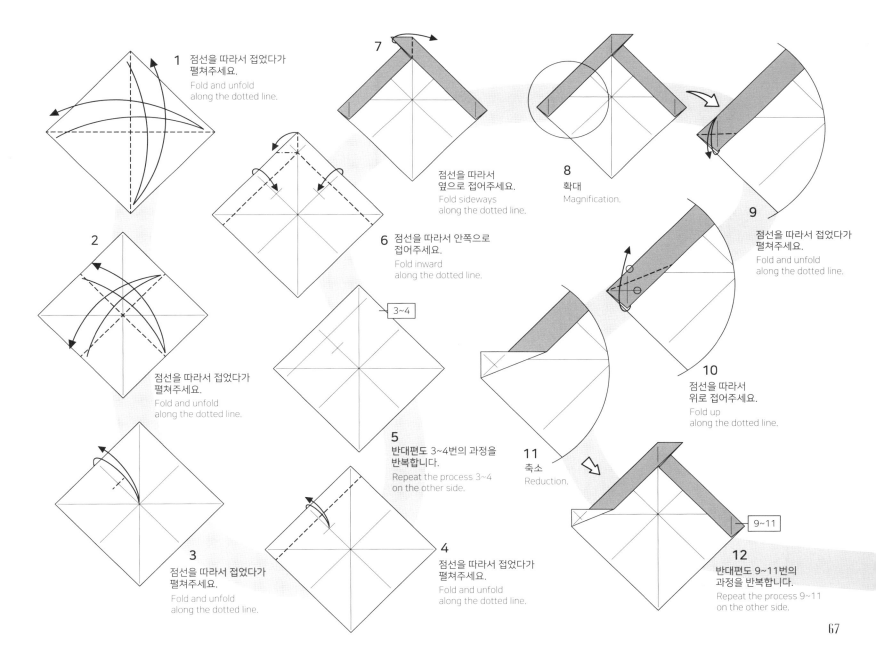

1 점선을 따라서 접었다가
펼쳐주세요.
Fold and unfold
along the dotted line.

2 점선을 따라서 접었다가
펼쳐주세요.
Fold and unfold
along the dotted line.

3 점선을 따라서 접었다가
펼쳐주세요.
Fold and unfold
along the dotted line.

4 점선을 따라서 접었다가
펼쳐주세요.
Fold and unfold
along the dotted line.

5
반대편도 3~4번의 과정을
반복합니다.
Repeat the process 3~4
on the other side.

3~4

6 점선을 따라서 안쪽으로
접어주세요.
Fold inward
along the dotted line.

7

점선을 따라서
옆으로 접어주세요.
Fold sideways
along the dotted line.

8
확대
Magnification.

9
점선을 따라서 접었다가
펼쳐주세요.
Fold and unfold
along the dotted line.

10
점선을 따라서
위로 접어주세요.
Fold up
along the dotted line.

11
축소
Reduction.

12
반대편도 9~11번의
과정을 반복합니다.
Repeat the process 9~11
on the other side.

9~11

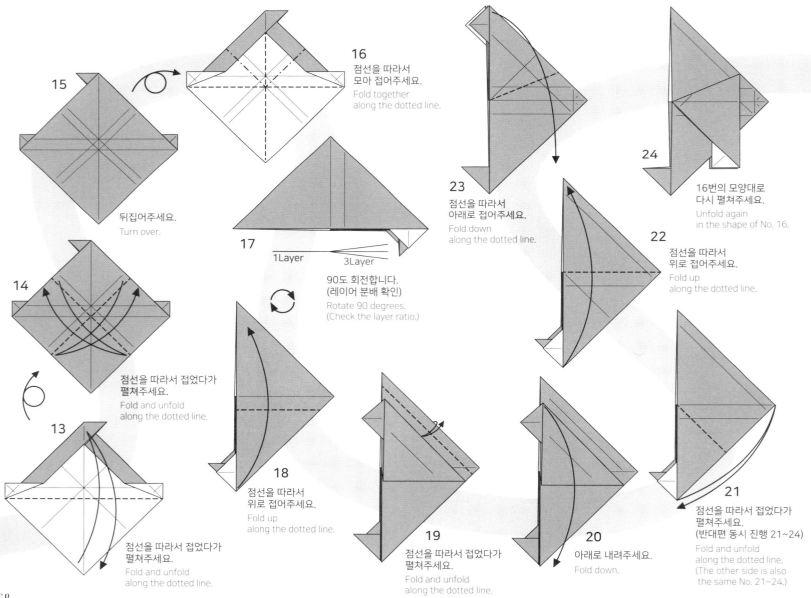

15

뒤집어주세요.
Turn over.

16
점선을 따라서
모아 접어주세요.
Fold together
along the dotted line.

17
1Layer   3Layer

90도 회전합니다.
(레이어 분배 확인)
Rotate 90 degrees.
(Check the layer ratio.)

14
점선을 따라서 접었다가
펼쳐주세요.
Fold and unfold
along the dotted line.

13
점선을 따라서 접었다가
펼쳐주세요.
Fold and unfold
along the dotted line.

18
점선을 따라서
위로 접어주세요.
Fold up
along the dotted line.

19
점선을 따라서 접었다가
펼쳐주세요.
Fold and unfold
along the dotted line.

20
아래로 내려주세요.
Fold down.

21
점선을 따라서 접었다가
펼쳐주세요.
(반대편 동시 진행 21~24)
Fold and unfold
along the dotted line.
(The other side is also
 the same No. 21~24.)

22
점선을 따라서
위로 접어주세요.
Fold up
along the dotted line.

23
점선을 따라서
아래로 접어주세요.
Fold down
along the dotted line.

24
16번의 모양대로
다시 펼쳐주세요.
Unfold again
in the shape of No. 16.

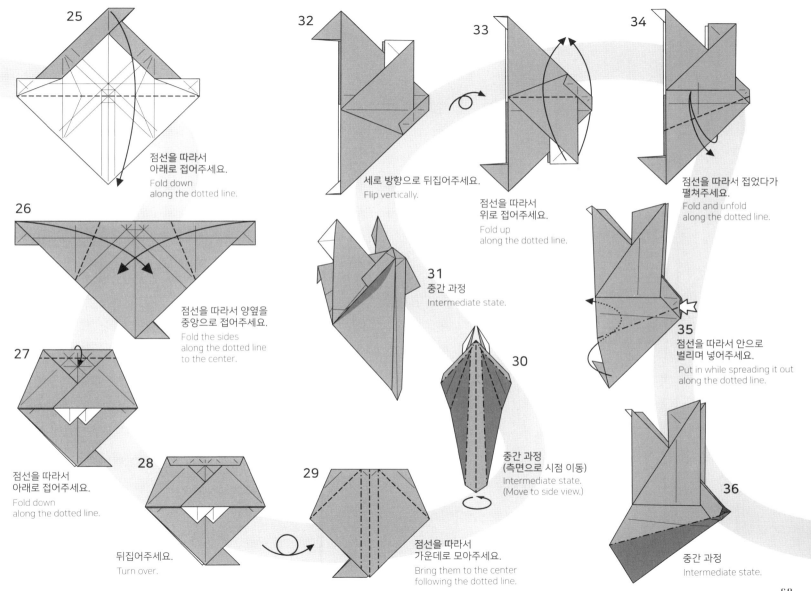

25

점선을 따라서
아래로 접어주세요.
Fold down
along the dotted line.

26

점선을 따라서 양옆을
중앙으로 접어주세요.
Fold the sides
along the dotted line
to the center.

27

28

점선을 따라서
아래로 접어주세요.
Fold down
along the dotted line.

뒤집어주세요.
Turn over.

29

점선을 따라서
가운데로 모아주세요.
Bring them to the center
following the dotted line.

30

중간 과정
(측면으로 시점 이동)
Intermediate state.
(Move to side view.)

31

중간 과정
Intermediate state.

32

세로 방향으로 뒤집어주세요.
Flip vertically.

33

점선을 따라서
위로 접어주세요.
Fold up
along the dotted line.

34

점선을 따라서 접었다가
펼쳐주세요.
Fold and unfold
along the dotted line.

35

점선을 따라서 안으로
벌리며 넣어주세요.
Put in while spreading it out
along the dotted line.

36

중간 과정
Intermediate state.

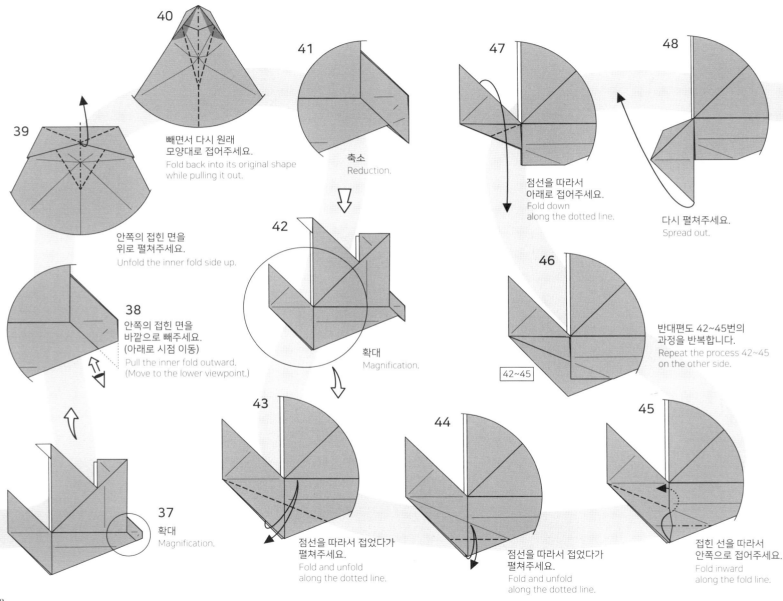

40

빼면서 다시 원래
모양대로 접어주세요.
Fold back into its original shape
while pulling it out.

41

축소
Reduction.

39

안쪽의 접힌 면을
위로 펼쳐주세요.
Unfold the inner fold side up.

38

안쪽의 접힌 면을
바깥으로 빼주세요.
(아래로 시점 이동)
Pull the inner fold outward.
(Move to the lower viewpoint.)

42

확대
Magnification.

37

확대
Magnification.

43

점선을 따라서 접었다가
펼쳐주세요.
Fold and unfold
along the dotted line.

44

점선을 따라서 접었다가
펼쳐주세요.
Fold and unfold
along the dotted line.

45

접힌 선을 따라서
안쪽으로 접어주세요.
Fold inward
along the fold line.

47

점선을 따라서
아래로 접어주세요.
Fold down
along the dotted line.

48

다시 펼쳐주세요.
Spread out.

46

반대편도 42~45번의
과정을 반복합니다.
Repeat the process 42~45
on the other side.

42~45

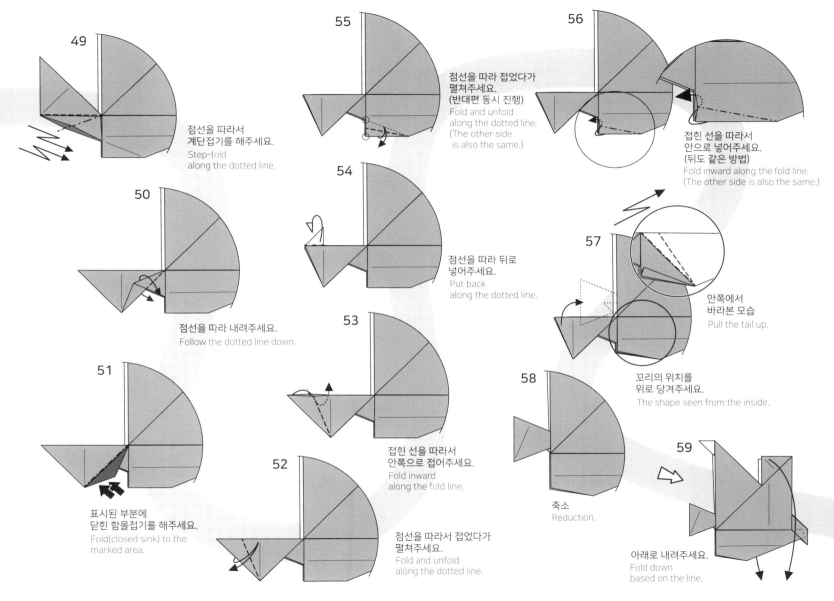

49

점선을 따라서
계단접기를 해주세요.
Step-fold
along the dotted line.

55

점선을 따라 접었다가
펼쳐주세요.
(반대편 동시 진행)
Fold and unfold
along the dotted line.
(The other side
is also the same.)

56

접힌 선을 따라서
안으로 넣어주세요.
(뒤도 같은 방법)
Fold inward along the fold line.
(The other side is also the same.)

54

점선을 따라 뒤로
넣어주세요.
Put back
along the dotted line.

50

점선을 따라 내려주세요.
Follow the dotted line down.

57

안쪽에서
바라본 모습
Pull the tail up.

53

접힌 선을 따라서
안쪽으로 접어주세요.
Fold inward
along the fold line.

51

표시된 부분에
닫힌 함몰접기를 해주세요.
Fold(closed sink) to the
marked area.

꼬리의 위치를
위로 당겨주세요.
The shape seen from the inside.

58

축소
Reduction.

52

점선을 따라서 접었다가
펼쳐주세요.
Fold and unfold
along the dotted line.

59

아래로 내려주세요.
Fold down
based on the line.

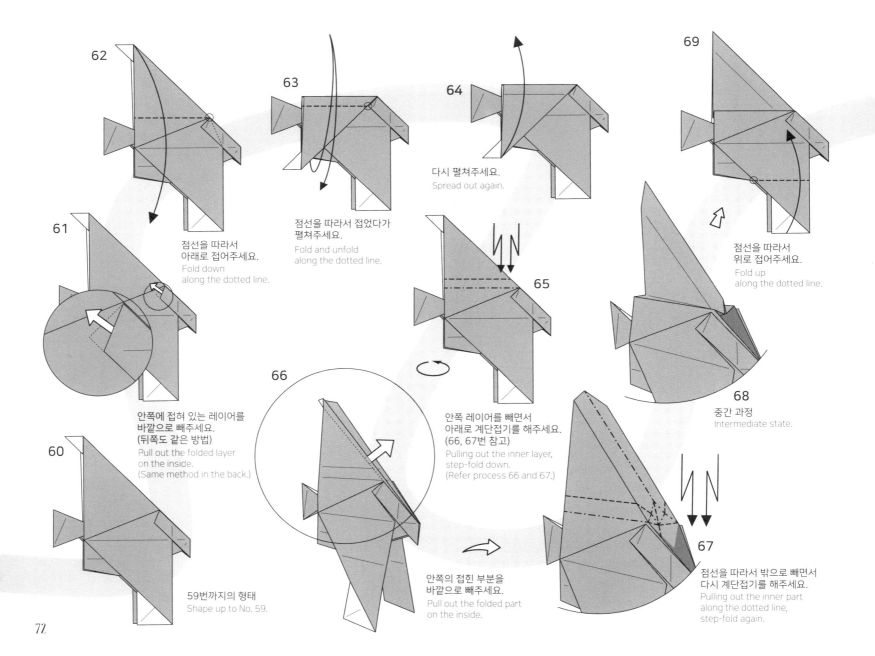

62

63

64
다시 펼쳐주세요.
Spread out again.

69

61

점선을 따라서
아래로 접어주세요.
Fold down
along the dotted line.

점선을 따라서 접었다가
펼쳐주세요.
Fold and unfold
along the dotted line.

65

점선을 따라서
위로 접어주세요.
Fold up
along the dotted line.

안쪽에 접혀 있는 레이어를
바깥으로 빼주세요.
(뒤쪽도 같은 방법)
Pull out the folded layer
on the inside.
(Same method in the back.)

66

안쪽 레이어를 빼면서
아래로 계단접기를 해주세요.
(66, 67번 참고)
Pulling out the inner layer,
step-fold down.
(Refer process 66 and 67.)

68
중간 과정
Intermediate state.

60

59번까지의 형태
Shape up to No. 59.

안쪽의 접힌 부분을
바깥으로 빼주세요.
Pull out the folded part
on the inside.

67
점선을 따라서 밖으로 빼면서
다시 계단접기를 해주세요.
Pulling out the inner part
along the dotted line,
step-fold again.

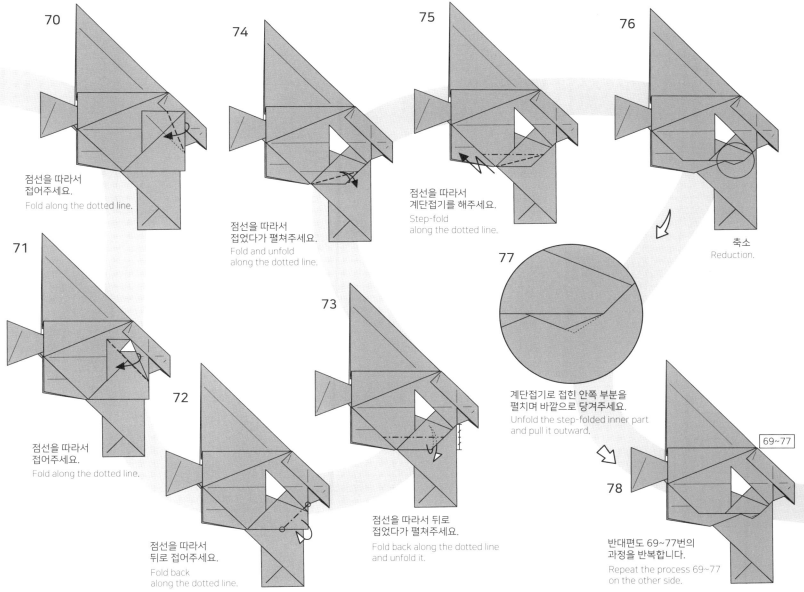

70

점선을 따라서
접어주세요.
Fold along the dotted line.

71

72

점선을 따라서
접어주세요.
Fold along the dotted line.

점선을 따라서
뒤로 접어주세요.
Fold back
along the dotted line.

73

점선을 따라서 뒤로
접었다가 펼쳐주세요.
Fold back along the dotted line
and unfold it.

74

점선을 따라서
접었다가 펼쳐주세요.
Fold and unfold
along the dotted line.

75

점선을 따라서
계단접기를 해주세요.
Step-fold
along the dotted line.

76

축소
Reduction.

77

계단접기로 접힌 안쪽 부분을
펼치며 바깥으로 당겨주세요.
Unfold the step-folded inner part
and pull it outward.

78

69~77

반대편도 69~77번의
과정을 반복합니다.
Repeat the process 69~77
on the other side.

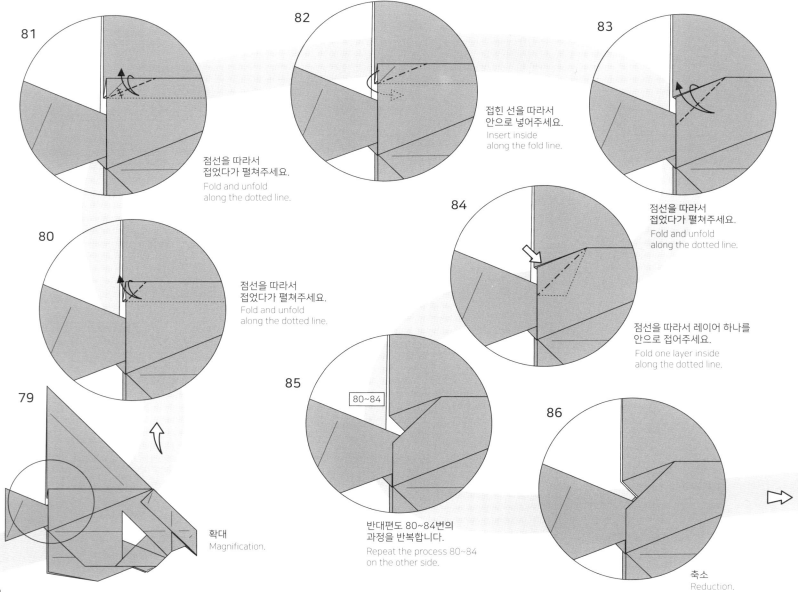

81

82

접힌 선을 따라서
안으로 넣어주세요.
Insert inside
along the fold line.

83

점선을 따라서
접었다가 펼쳐주세요.
Fold and unfold
along the dotted line.

점선을 따라서
접었다가 펼쳐주세요.
Fold and unfold
along the dotted line.

80

84

점선을 따라서
접었다가 펼쳐주세요.
Fold and unfold
along the dotted line.

점선을 따라서 레이어 하나를
안으로 접어주세요.
Fold one layer inside
along the dotted line.

79

확대
Magnification.

85

80~84

반대편도 80~84번의
과정을 반복합니다.
Repeat the process 80~84
on the other side.

86

축소
Reduction.

74

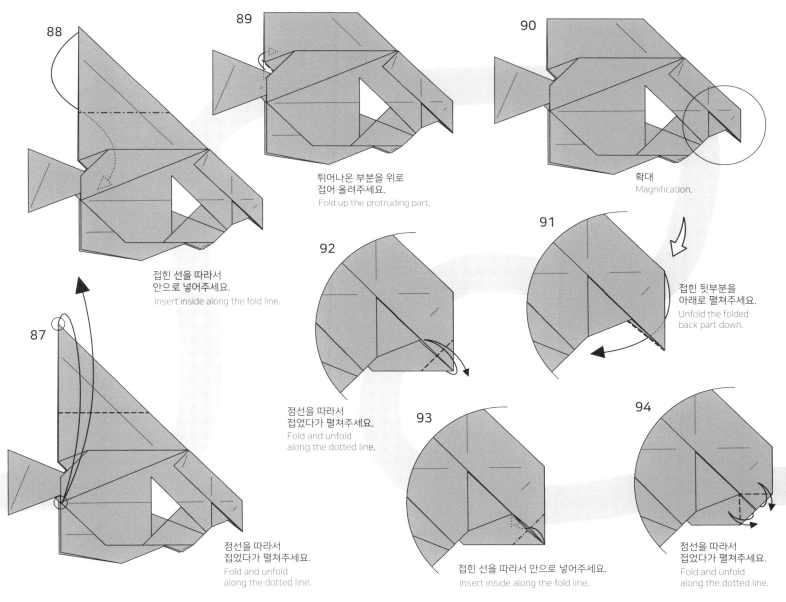

88

89

툭어나온 부분을 위로
접어 올려주세요.
Fold up the protruding part.

90

확대
Magnification.

접힌 선을 따라서
안으로 넣어주세요.
Insert inside along the fold line.

91

접힌 뒷부분을
아래로 펼쳐주세요.
Unfold the folded
back part down.

92

점선을 따라서
접었다가 펼쳐주세요.
Fold and unfold
along the dotted line.

87

점선을 따라서
접었다가 펼쳐주세요.
Fold and unfold
along the dotted line.

93

접힌 선을 따라서 안으로 넣어주세요.
Insert inside along the fold line.

94

점선을 따라서
접었다가 펼쳐주세요.
Fold and unfold
along the dotted line.

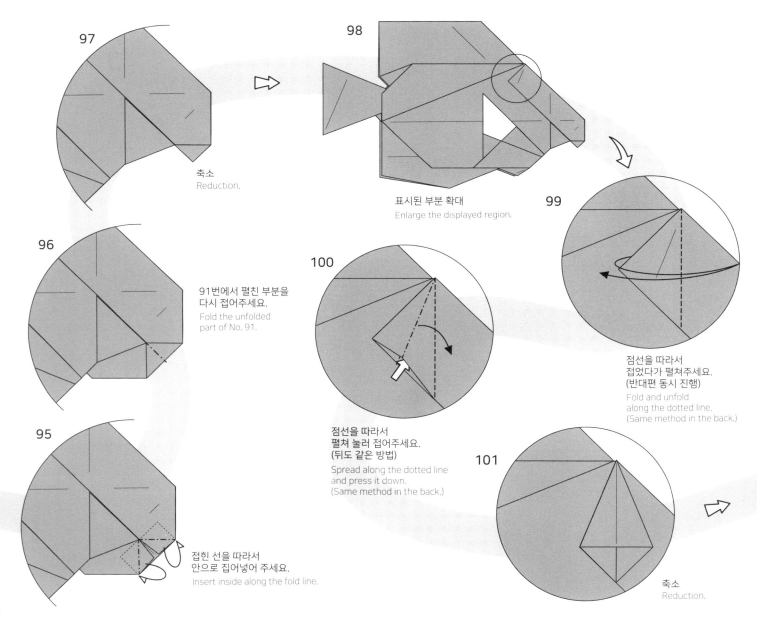

97

축소
Reduction.

98

표시된 부분 확대
Enlarge the displayed region.

99

점선을 따라서
접었다가 펼쳐주세요.
(반대편 동시 진행)
Fold and unfold
along the dotted line.
(Same method in the back.)

96

91번에서 펼친 부분을
다시 접어주세요.
Fold the unfolded
part of No. 91.

100

점선을 따라서
펼쳐 눌러 접어주세요.
(뒤도 같은 방법)
Spread along the dotted line
and press it down.
(Same method in the back.)

95

접힌 선을 따라서
안으로 집어넣어 주세요.
Insert inside along the fold line.

101

축소
Reduction.

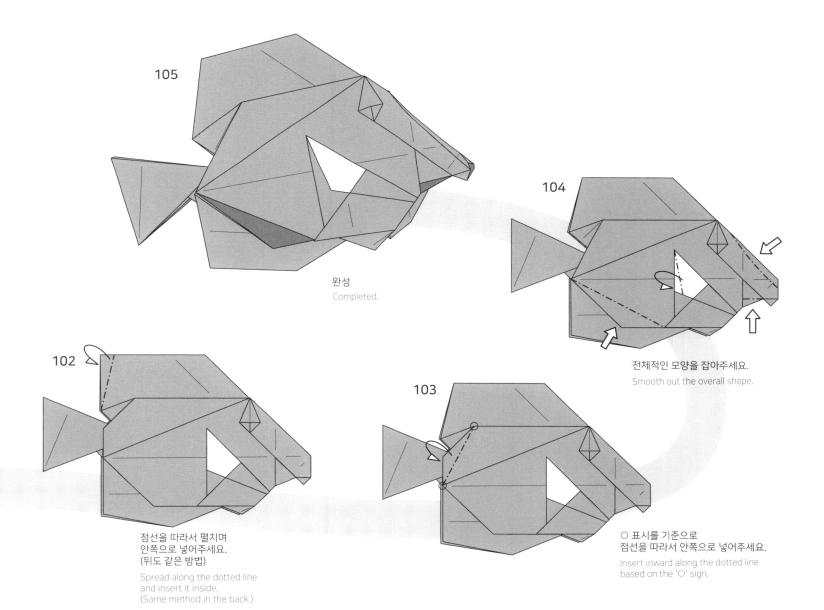

105

완성
Completed.

104

전체적인 모양을 잡아주세요.
Smooth out the overall shape.

102

점선을 따라서 펼치며
안쪽으로 넣어주세요.
(뒤도 같은 방법)

Spread along the dotted line
and insert it inside.
(Same method in the back.)

103

○ 표시를 기준으로
점선을 따라서 안쪽으로 넣어주세요.

Insert inward along the dotted line
based on the 'O' sign.

금붕어 GOLDFISH

30×30cm, 비오톱

이 작품은 비교적 접는 과정이 적은 편이지만, 과정 중간중간에 다소 까다로운 구간들이 포함되어 있습니다. 특히 함몰접기 표현이 많아 다양한 기법을 익히고 연습하기에 적합한 작품입니다. 금붕어의 아름다움을 살리기 위해서는 적당히 작게 접는 것을 추천합니다. 간단한 기본형을 활용하여 금붕어의 지느러미를 모두 표현할 수 있습니다.

This work is relatively easy to fold, but it does contain some tricky sections along the way. In particular, there are many indented (or sink) fold expressions, so it is suitable for learning and practicing various techniques. In order to bring out the beauty of the goldfish, it is recommended to fold them into moderately small pieces. Using a simple basic form, you can represent all the fins of a goldfish.

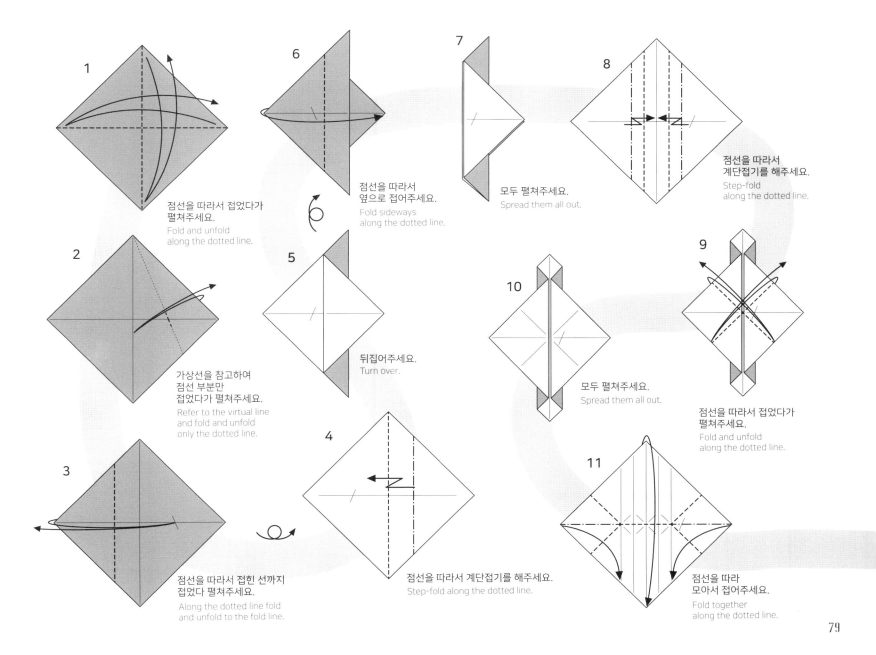

1
점선을 따라서 접었다가
펼쳐주세요.
Fold and unfold
along the dotted line.

2
가상선을 참고하여
점선 부분만
접었다가 펼쳐주세요.
Refer to the virtual line
and fold and unfold
only the dotted line.

3
점선을 따라서 접힌 선까지
접었다 펼쳐주세요.
Along the dotted line fold
and unfold to the fold line.

4
점선을 따라서 계단접기를 해주세요.
Step-fold along the dotted line.

5
뒤집어주세요.
Turn over.

6
점선을 따라서
옆으로 접어주세요.
Fold sideways
along the dotted line.

7
모두 펼쳐주세요.
Spread them all out.

8
점선을 따라서
계단접기를 해주세요.
Step-fold
along the dotted line.

9
점선을 따라서 접었다가
펼쳐주세요.
Fold and unfold
along the dotted line.

10
모두 펼쳐주세요.
Spread them all out.

11
점선을 따라
모아서 접어주세요.
Fold together
along the dotted line.

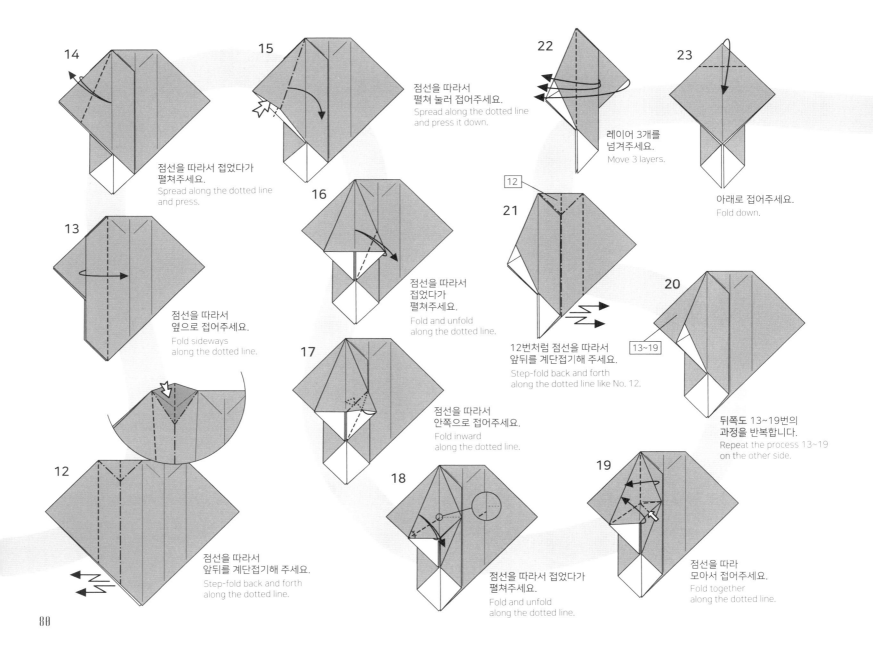

14

점선을 따라서 접었다가
펼쳐주세요.
Spread along the dotted line
and press.

13

점선을 따라서
옆으로 접어주세요.
Fold sideways
along the dotted line.

12

점선을 따라서
앞뒤를 계단접기해 주세요.
Step-fold back and forth
along the dotted line.

15

점선을 따라서
펼쳐 눌러 접어주세요.
Spread along the dotted line
and press it down.

16

점선을 따라서
접었다가
펼쳐주세요.
Fold and unfold
along the dotted line.

17

점선을 따라서
안쪽으로 접어주세요.
Fold inward
along the dotted line.

18

점선을 따라서 접었다가
펼쳐주세요.
Fold and unfold
along the dotted line.

19

점선을 따라
모아서 접어주세요.
Fold together
along the dotted line.

22

레이어 3개를
넘겨주세요.
Move 3 layers.

21

12번처럼 점선을 따라서
앞뒤를 계단접기해 주세요.
Step-fold back and forth
along the dotted line like No. 12.

20

뒤쪽도 13~19번의
과정을 반복합니다.
Repeat the process 13~19
on the other side.

23

아래로 접어주세요.
Fold down.

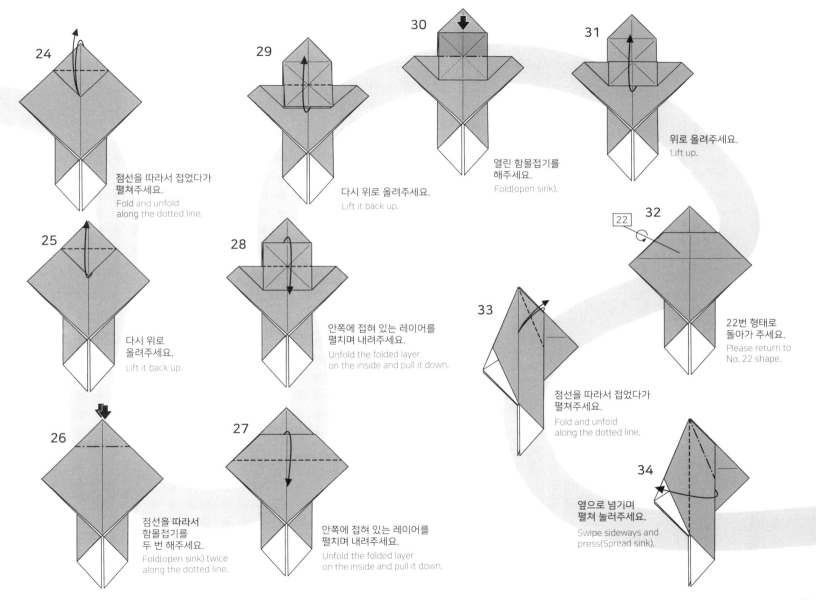

24

점선을 따라서 접었다가
펼쳐주세요.
Fold and unfold
along the dotted line.

25

다시 위로
올려주세요.
Lift it back up.

26

점선을 따라서
함몰접기를
두 번 해주세요.
Fold(open sink) twice
along the dotted line.

27

안쪽에 접혀 있는 레이어를
펼치며 내려주세요.
Unfold the folded layer
on the inside and pull it down.

28

안쪽에 접혀 있는 레이어를
펼치며 내려주세요.
Unfold the folded layer
on the inside and pull it down.

29

다시 위로 올려주세요.
Lift it back up.

30

열린 함몰접기를
해주세요.
Fold(open sink).

31

위로 올려주세요.
Lift up.

32

22

22번 형태로
돌아가 주세요.
Please return to
No. 22 shape.

33

점선을 따라서 접었다가
펼쳐주세요.
Fold and unfold
along the dotted line.

34

옆으로 넘기며
펼쳐 눌러주세요.
Swipe sideways and
press(Spread sink).

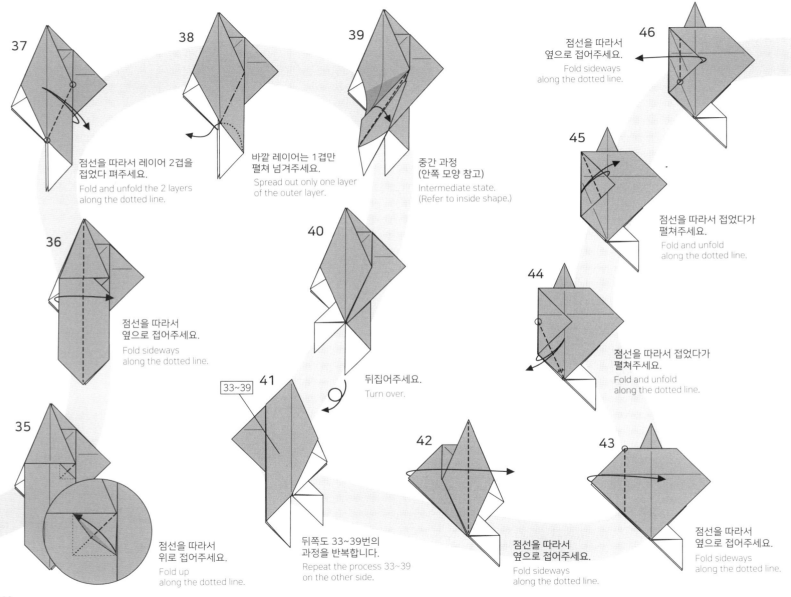

37

점선을 따라서 레이어 2겹을
접었다 펴주세요.
Fold and unfold the 2 layers
along the dotted line.

38

바깥 레이어는 1겹만
펼쳐 넘겨주세요.
Spread out only one layer
of the outer layer.

39

중간 과정
(안쪽 모양 참고)
Intermediate state.
(Refer to inside shape.)

46

점선을 따라서
옆으로 접어주세요.
Fold sideways
along the dotted line.

45

점선을 따라서 접었다가
펼쳐주세요.
Fold and unfold
along the dotted line.

36

점선을 따라서
옆으로 접어주세요.
Fold sideways
along the dotted line.

40

44

점선을 따라서 접었다가
펼쳐주세요.
Fold and unfold
along the dotted line.

뒤집어주세요.
Turn over.

35

점선을 따라서
위로 접어주세요.
Fold up
along the dotted line.

33~39
41

뒤쪽도 33~39번의
과정을 반복합니다.
Repeat the process 33~39
on the other side.

42

점선을 따라서
옆으로 접어주세요.
Fold sideways
along the dotted line.

43

점선을 따라서
옆으로 접어주세요.
Fold sideways
along the dotted line.

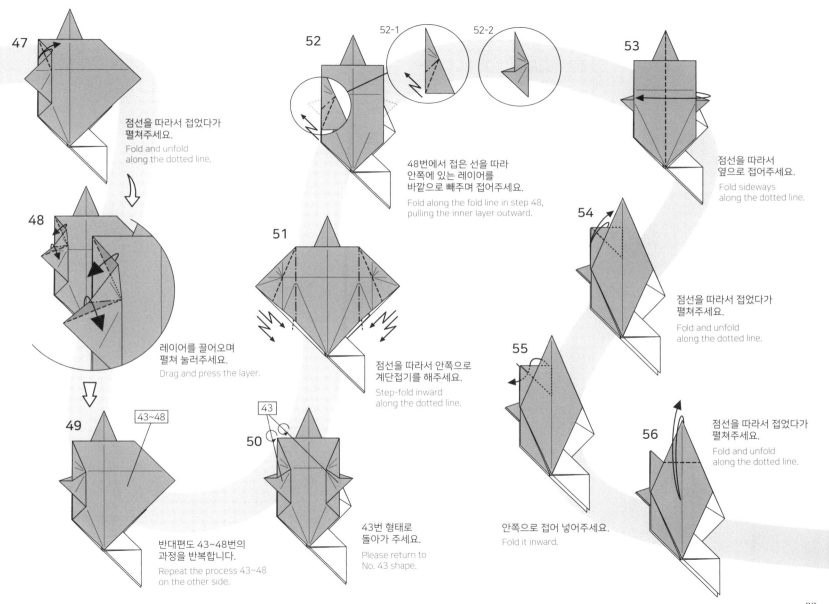

47

점선을 따라서 접었다가
펼쳐주세요.
Fold and unfold
along the dotted line.

48

레이어를 끌어오며
펼쳐 눌러주세요.
Drag and press the layer.

49

43~48

반대편도 43~48번의
과정을 반복합니다.
Repeat the process 43~48
on the other side.

50

43

43번 형태로
돌아가 주세요.
Please return to
No. 43 shape.

51

점선을 따라서 안쪽으로
계단접기를 해주세요.
Step-fold inward
along the dotted line.

52

52-1   52-2

48번에서 접은 선을 따라
안쪽에 있는 레이어를
바깥으로 빼주며 접어주세요.
Fold along the fold line in step 48,
pulling the inner layer outward.

53

점선을 따라서
옆으로 접어주세요.
Fold sideways
along the dotted line.

54

점선을 따라서 접었다가
펼쳐주세요.
Fold and unfold
along the dotted line.

55

56

점선을 따라서 접었다가
펼쳐주세요.
Fold and unfold
along the dotted line.

안쪽으로 접어 넣어주세요.
Fold it inward.

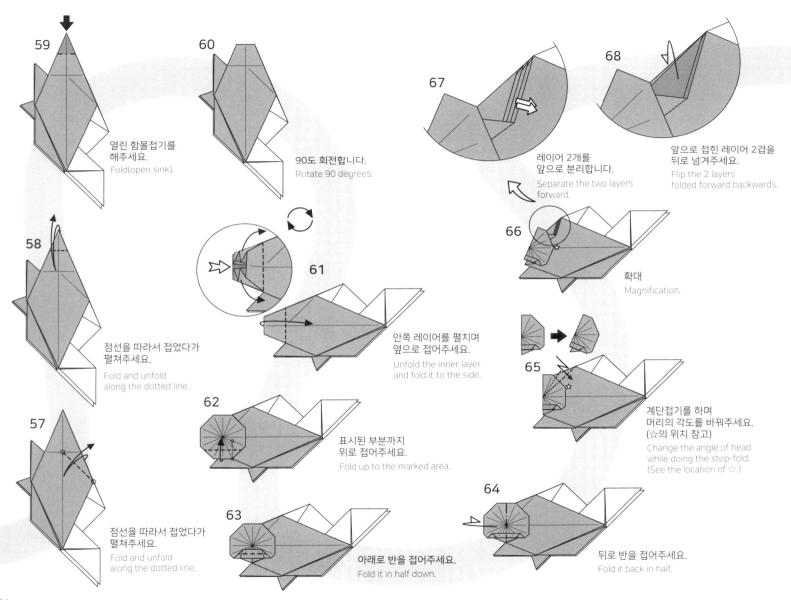

59
열린 함몰접기를
해주세요.
Fold(open sink).

60
90도 회전합니다.
Rotate 90 degrees.

58
점선을 따라서 접었다가
펼쳐주세요.
Fold and unfold
along the dotted line.

61
안쪽 레이어를 펼치며
옆으로 접어주세요.
Unfold the inner layer
and fold it to the side.

57
점선을 따라서 접었다가
펼쳐주세요.
Fold and unfold
along the dotted line.

62
표시된 부분까지
위로 접어주세요.
Fold up to the marked area.

63
아래로 반을 접어주세요.
Fold it in half down.

67
레이어 2개를
앞으로 분리합니다.
Separate the two layers
forward.

68
앞으로 접힌 레이어 2겹을
뒤로 넘겨주세요.
Flip the 2 layers
folded forward backwards.

66
확대
Magnification.

65
계단접기를 하며
머리의 각도를 바꿔주세요.
(☆의 위치 참고)
Change the angle of head
while doing the step-fold.
(See the location of ☆.)

64
뒤로 반을 접어주세요.
Fold it back in half.

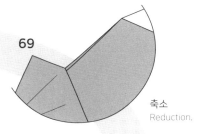

69

축소
Reduction.

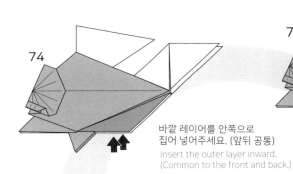

74

바깥 레이어를 안쪽으로
집어 넣어주세요. (앞뒤 공통)
Insert the outer layer inward.
(Common to the front and back.)

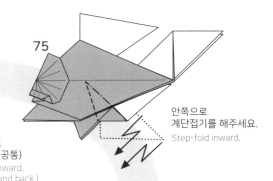

75

안쪽으로
계단접기를 해주세요.
Step-fold inward.

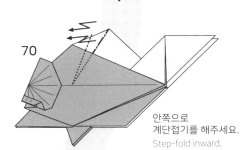

70

안쪽으로
계단접기를 해주세요.
Step-fold inward.

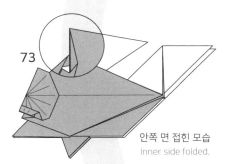

73

안쪽 면 접힌 모습
Inner side folded.

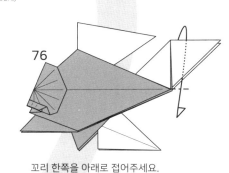

76

꼬리 한쪽을 아래로 접어주세요.
Fold one side of the tail down.

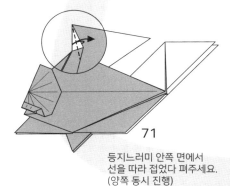

71

등지느러미 안쪽 면에서
선을 따라 접었다 펴주세요.
(양쪽 동시 진행)
Fold and unfold along the line
on the inner side of the dorsal fin.
(Both at the same time.)

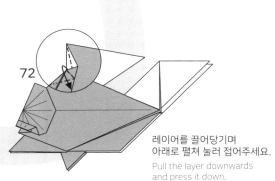

72

레이어를 끌어당기며
아래로 펼쳐 눌러 접어주세요.
Pull the layer downwards
and press it down.

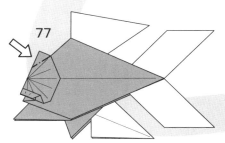

77

점선을 따라서
안쪽으로 접어 넣어주세요.
Fold inward along the dotted line.

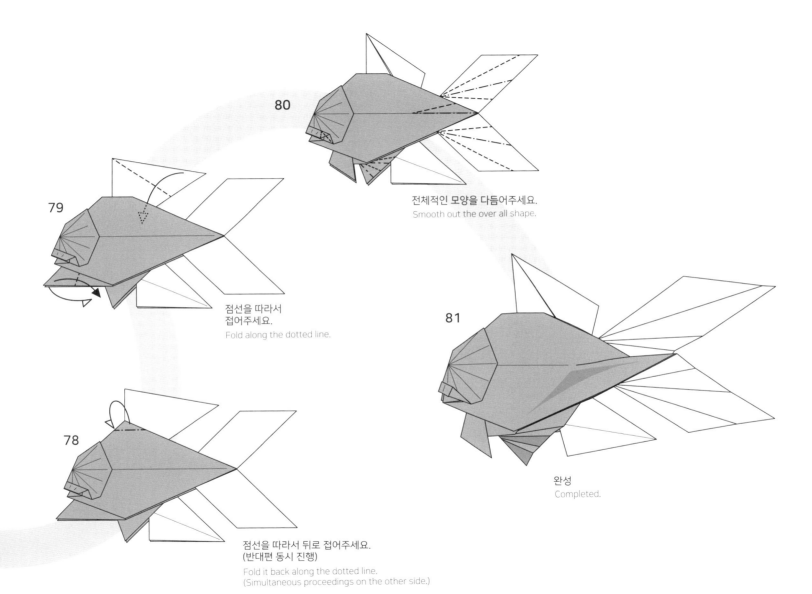

80

전체적인 모양을 다듬어주세요.
Smooth out the over all shape.

79

점선을 따라서
접어주세요.
Fold along the dotted line.

81

완성
Completed.

78

점선을 따라서 뒤로 접어주세요.
(반대편 동시 진행)
Fold it back along the dotted line.
(Simultaneous proceedings on the other side.)

카우피쉬 COWFISH

35×35cm, 플러피(비오톱 활용 가능)

특정 기준점을 설정하고 이를 찾는 과정에서 많은 고민과 시행착오를 거친 작품입니다. 접는 과정이 일반적인 방식과는 달리 독특하게 전개되며, 완성 직전까지 물고기의 형태가 드러나지 않아 다소 지루하게 느껴질 수 있습니다. 하지만 마지막 단계에서 반으로 접었을 때 갑자기 나타나는 물고기 형태는 큰 성취감을 안겨줍니다. 실제 물고기처럼 자연스러운 입체감을 살리는 것이 이 작품의 핵심 요소입니다.

It is a work that has gone through a lot of thought and trial and error in the process of setting a certain reference point and finding it. The folding process is unique and doesn't reveal the shape of the fish until just before completion, which can be a bit tedious. But at the final stage, when folded in half, the sudden appearance of the fish form gives a great sense of accomplishment. Creating a natural three-dimensional look like a real fish is a key element of this work.

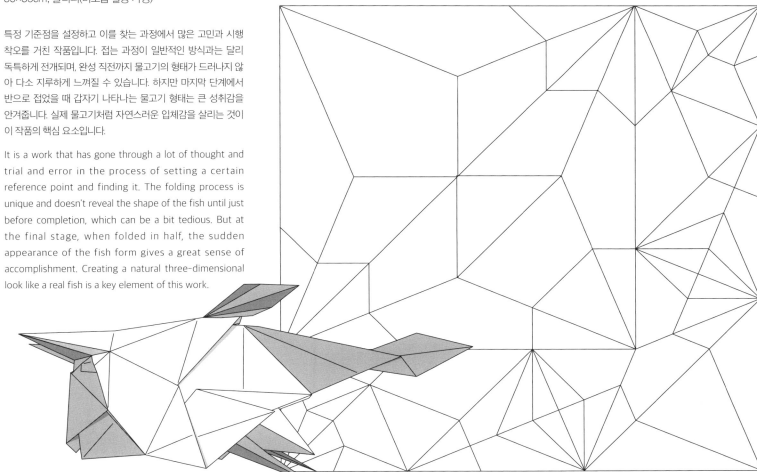

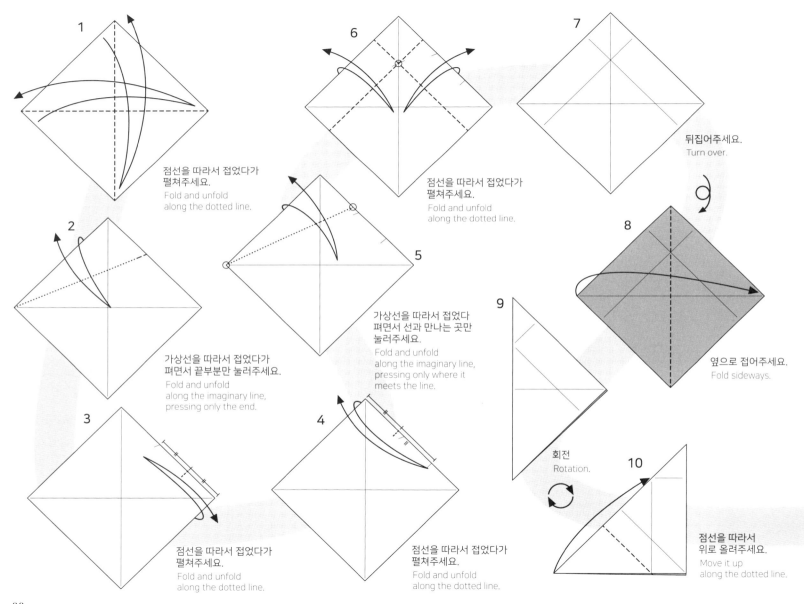

1
점선을 따라서 접었다가
펼쳐주세요.
Fold and unfold
along the dotted line.

2
가상선을 따라서 접었다가
펴면서 끝부분만 눌러주세요.
Fold and unfold
along the imaginary line,
pressing only the end.

3
점선을 따라서 접었다가
펼쳐주세요.
Fold and unfold
along the dotted line.

4
점선을 따라서 접었다가
펼쳐주세요.
Fold and unfold
along the dotted line.

5
가상선을 따라서 접었다
펴면서 선과 만나는 곳만
눌러주세요.
Fold and unfold
along the imaginary line,
pressing only where it
meets the line.

6
점선을 따라서 접었다가
펼쳐주세요.
Fold and unfold
along the dotted line.

7
뒤집어주세요.
Turn over.

8
옆으로 접어주세요.
Fold sideways.

9
회전
Rotation.

10
점선을 따라서
위로 올려주세요.
Move it up
along the dotted line.

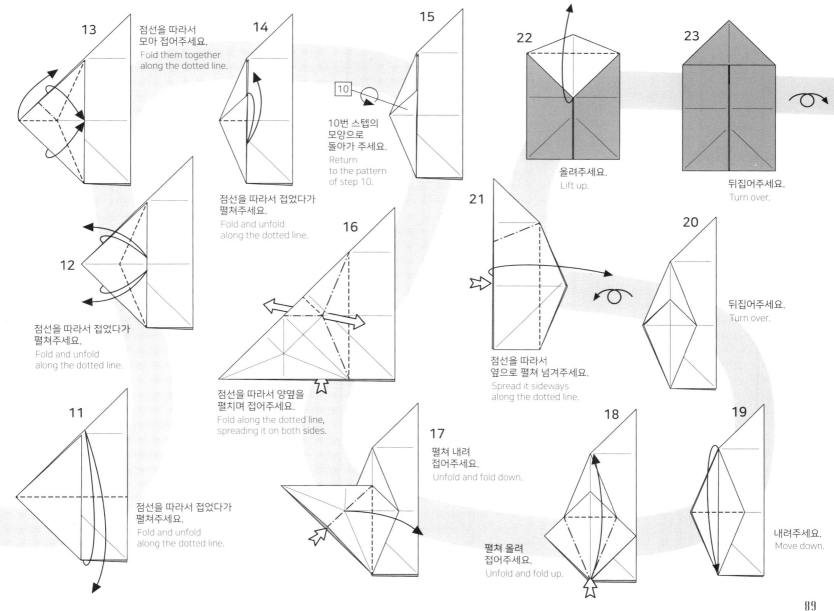

13 점선을 따라서
모아 접어주세요.
Fold them together
along the dotted line.

14 점선을 따라서 접었다가
펼쳐주세요.
Fold and unfold
along the dotted line.

15 10번 스텝의
모양으로
돌아가 주세요.
Return
to the pattern
of step 10.

12 점선을 따라서 접었다가
펼쳐주세요.
Fold and unfold
along the dotted line.

16 점선을 따라서 양옆을
펼치며 접어주세요.
Fold along the dotted line,
spreading it on both sides.

11 점선을 따라서 접었다가
펼쳐주세요.
Fold and unfold
along the dotted line.

17 펼쳐 내려
접어주세요.
Unfold and fold down.

18 펼쳐 올려
접어주세요.
Unfold and fold up.

19 내려주세요.
Move down.

20 뒤집어주세요.
Turn over.

21 점선을 따라서
옆으로 펼쳐 넘겨주세요.
Spread it sideways
along the dotted line.

22 올려주세요.
Lift up.

23 뒤집어주세요.
Turn over.

89

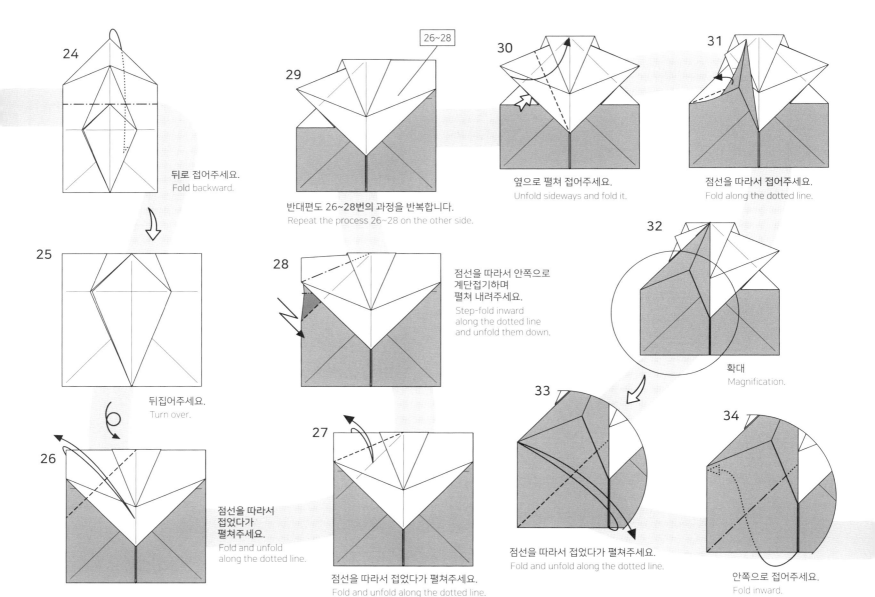

24

뒤로 접어주세요.
Fold backward.

25

뒤집어주세요.
Turn over.

26

점선을 따라서
접었다가
펼쳐주세요.
Fold and unfold
along the dotted line.

27

점선을 따라서 접었다가 펼쳐주세요.
Fold and unfold along the dotted line.

28

점선을 따라서 안쪽으로
계단접기하며
펼쳐 내려주세요.
Step-fold inward
along the dotted line
and unfold them down.

29

26~28

반대편도 26~28번의 과정을 반복합니다.
Repeat the process 26~28 on the other side.

30

옆으로 펼쳐 접어주세요.
Unfold sideways and fold it.

31

점선을 따라서 접어주세요.
Fold along the dotted line.

32

확대
Magnification.

33

점선을 따라서 접었다가 펼쳐주세요.
Fold and unfold along the dotted line.

34

안쪽으로 접어주세요.
Fold inward.

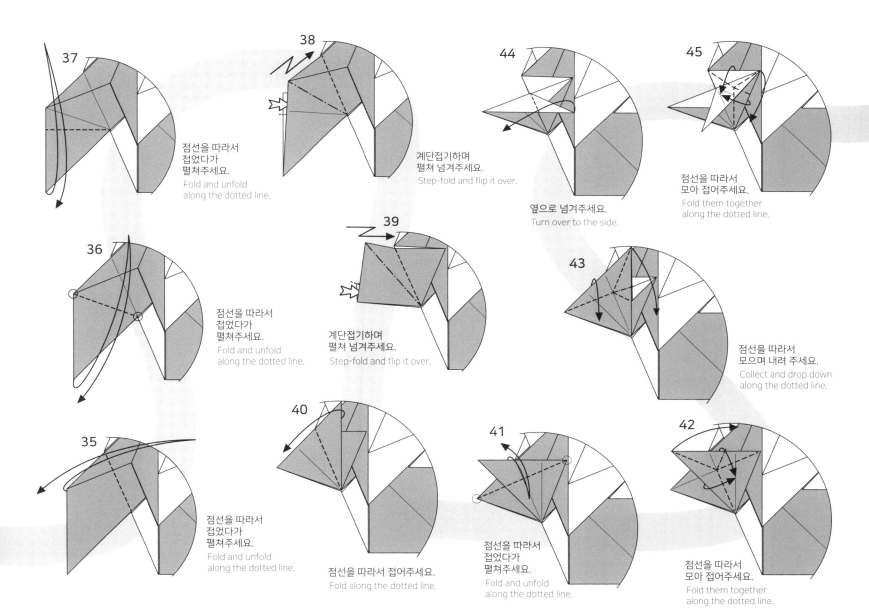

37
점선을 따라서
접었다가
펼쳐주세요.
Fold and unfold
along the dotted line.

38
계단접기하며
펼쳐 넘겨주세요.
Step-fold and flip it over.

44
옆으로 넘겨주세요.
Turn over to the side.

45
점선을 따라서
모아 접어주세요.
Fold them together
along the dotted line.

36
점선을 따라서
접었다가
펼쳐주세요.
Fold and unfold
along the dotted line.

39
계단접기하며
펼쳐 넘겨주세요.
Step-fold and flip it over.

43
점선을 따라서
모으며 내려 주세요.
Collect and drop down
along the dotted line.

35
점선을 따라서
접었다가
펼쳐주세요.
Fold and unfold
along the dotted line.

40
점선을 따라서 접어주세요.
Fold along the dotted line.

41
점선을 따라서
접었다가
펼쳐주세요.
Fold and unfold
along the dotted line.

42
점선을 따라서
모아 접어주세요.
Fold them together
along the dotted line.

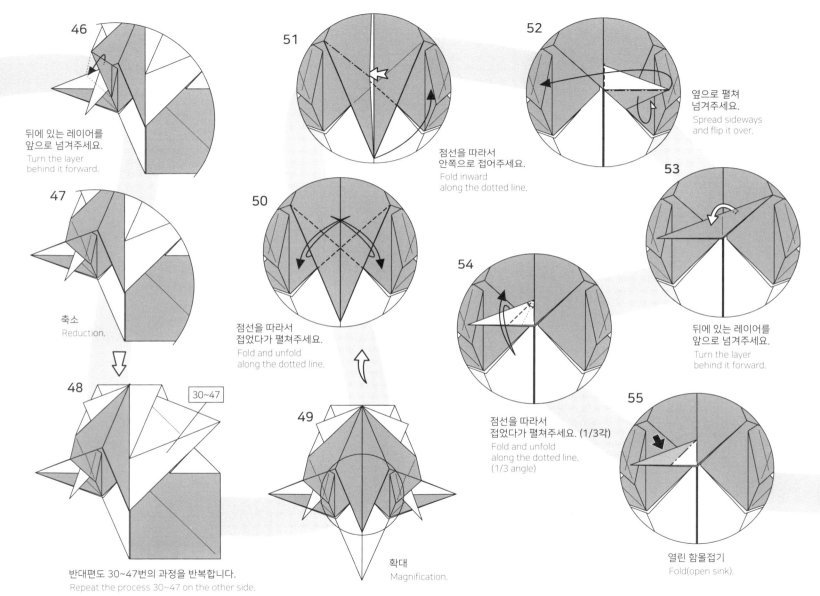

46

뒤에 있는 레이어를
앞으로 넘겨주세요.
Turn the layer
behind it forward.

47

축소
Reduction.

48

30~47

49

확대
Magnification.

반대편도 30~47번의 과정을 반복합니다.
Repeat the process 30~47 on the other side.

50

점선을 따라서
접었다가 펼쳐주세요.
Fold and unfold
along the dotted line.

51

점선을 따라서
안쪽으로 접어주세요.
Fold inward
along the dotted line.

52

옆으로 펼쳐
넘겨주세요.
Spread sideways
and flip it over.

53

뒤에 있는 레이어를
앞으로 넘겨주세요.
Turn the layer
behind it forward.

54

점선을 따라서
접었다가 펼쳐주세요. (1/3각)
Fold and unfold
along the dotted line.
(1/3 angle)

55

열린 함몰접기
Fold(open sink).

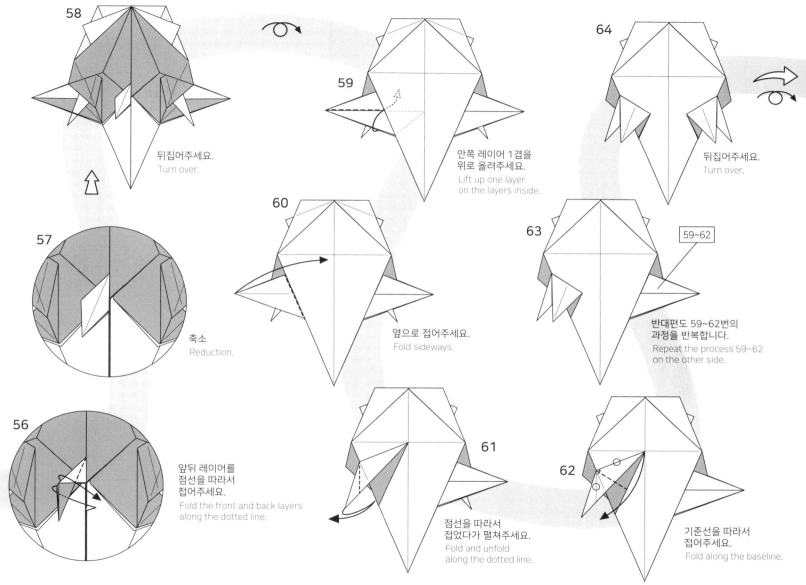

58

뒤집어주세요.
Turn over.

59

안쪽 레이어 1겹을
위로 올려주세요.
Lift up one layer
on the layers inside.

64

뒤집어주세요.
Turn over.

57

축소
Reduction.

60

옆으로 접어주세요.
Fold sideways.

63

59~62

반대편도 59~62번의
과정을 반복합니다.
Repeat the process 59~62
on the other side.

56

앞뒤 레이어를
점선을 따라서
접어주세요.
Fold the front and back layers
along the dotted line.

61

점선을 따라서
접었다가 펼쳐주세요.
Fold and unfold
along the dotted line.

62

기준선을 따라서
접어주세요.
Fold along the baseline.

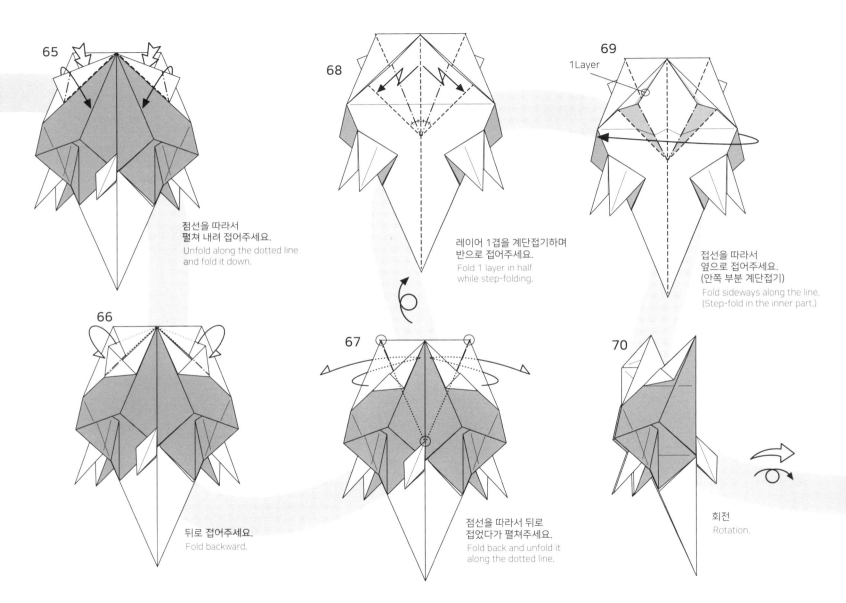

65

점선을 따라서
펼쳐 내려 접어주세요.
Unfold along the dotted line
and fold it down.

66

뒤로 접어주세요.
Fold backward.

67

점선을 따라서 뒤로
접었다가 펼쳐주세요.
Fold back and unfold it
along the dotted line.

68

레이어 1겹을 계단접기하며
반으로 접어주세요.
Fold 1 layer in half
while step-folding.

69

1Layer

접선을 따라서
옆으로 접어주세요.
(안쪽 부분 계단접기)
Fold sideways along the line.
(Step-fold in the inner part.)

70

회전
Rotation.

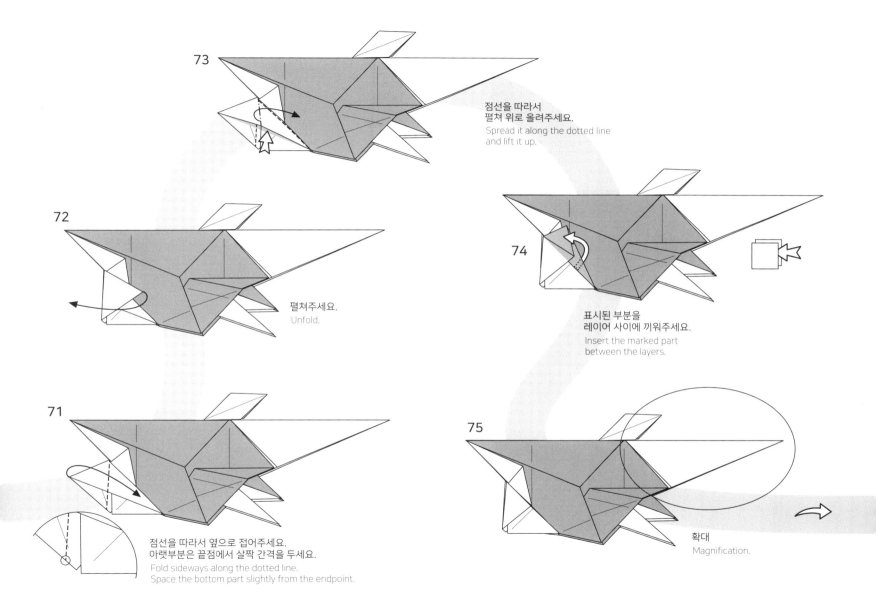

73

점선을 따라서
펼쳐 위로 올려주세요.
Spread it along the dotted line
and lift it up.

72

펼쳐주세요.
Unfold.

74

표시된 부분을
레이어 사이에 끼워주세요.
Insert the marked part
between the layers.

71

점선을 따라서 옆으로 접어주세요.
아랫부분은 끝점에서 살짝 간격을 두세요.
Fold sideways along the dotted line.
Space the bottom part slightly from the endpoint.

75

확대
Magnification.

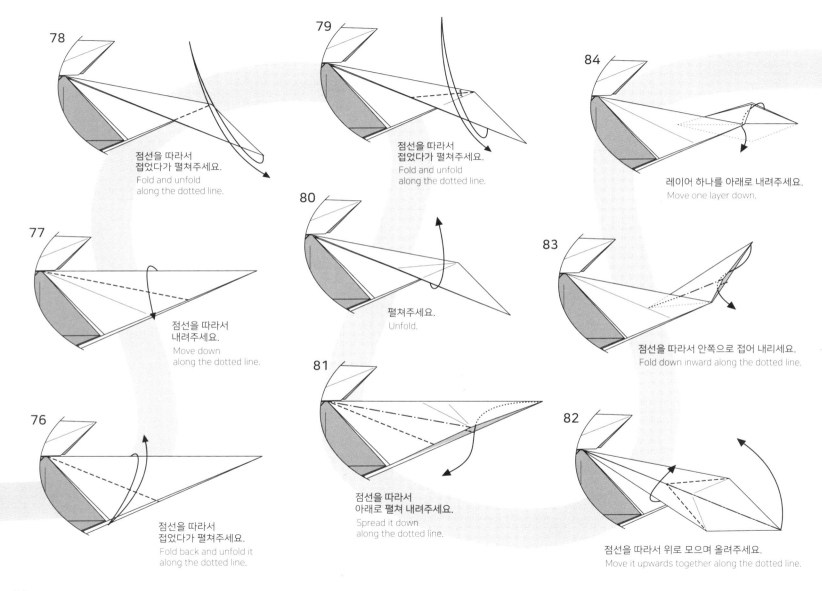

78

점선을 따라서
접었다가 펼쳐주세요.
Fold and unfold
along the dotted line.

79

점선을 따라서
접었다가 펼쳐주세요.
Fold and unfold
along the dotted line.

84

레이어 하나를 아래로 내려주세요.
Move one layer down.

77

점선을 따라서
내려주세요.
Move down
along the dotted line.

80

펼쳐주세요.
Unfold.

83

점선을 따라서 안쪽으로 접어 내리세요.
Fold down inward along the dotted line.

76

점선을 따라서
접었다가 펼쳐주세요.
Fold back and unfold it
along the dotted line.

81

점선을 따라서
아래로 펼쳐 내려주세요.
Spread it down
along the dotted line.

82

점선을 따라서 위로 모으며 올려주세요.
Move it upwards together along the dotted line.

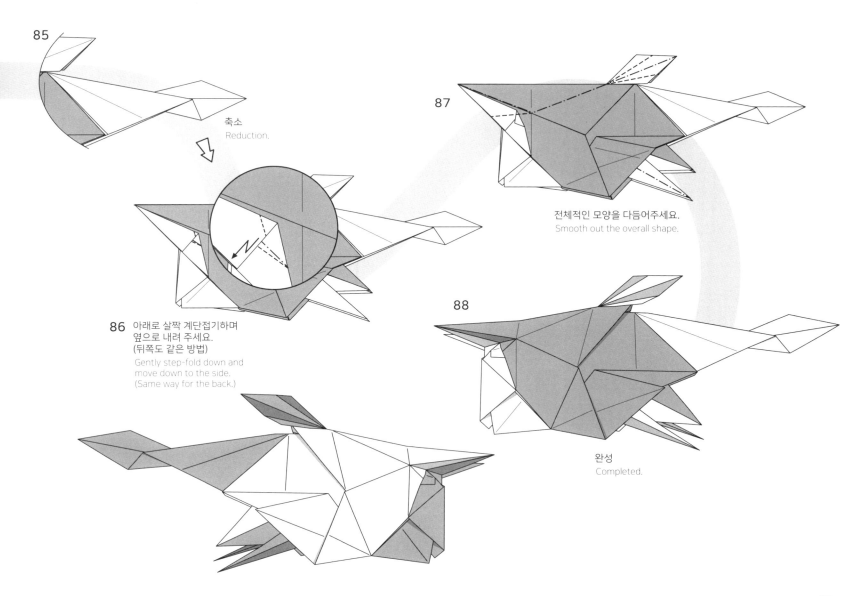

85

축소
Reduction.

86 아래로 살짝 계단접기하며
옆으로 내려 주세요.
(뒤쪽도 같은 방법)
Gently step-fold down and
move down to the side.
(Same way for the back.)

87

전체적인 모양을 다듬어주세요.
Smooth out the overall shape.

88

완성
Completed.

디스커스 DISCUS

35×35cm, 구김지(비오톱 활용 가능)

삼각 주머니 구조를 기반으로 완성되는 작품으로, 비교적 간단한 과정 속에서 디테일이 돋보이는 작품입니다. 접는 과정에서 입술 부분이 찢어지지 않도록 주의가 필요합니다. 또한 평량 70~80g/㎡(gsm)의 30cm 종이로도 무리 없이 접을 수 있어 접근성이 높습니다. 색 반전이 없는 종이를 사용하는 것이 작품의 형태를 더욱 깔끔하게 표현하는 데 유리하며, 같은 서식지에 사는 엔젤피쉬와 함께 전시하면 조화로운 연출이 가능합니다.

It is a work that is completed based on the triangular pocket structure, and it is a work that stands out for its details in a relatively simple process. Care must be taken not to tear the lip area during the folding process. In addition, it is good that it can be folded without difficulty even with 30cm paper with a basis weight of 70~80gsm. Using paper without color inversion is advantageous for a cleaner representation of the shape of the work. If you display them together with angelfish that live in the same habitat, you can create a harmonious look.

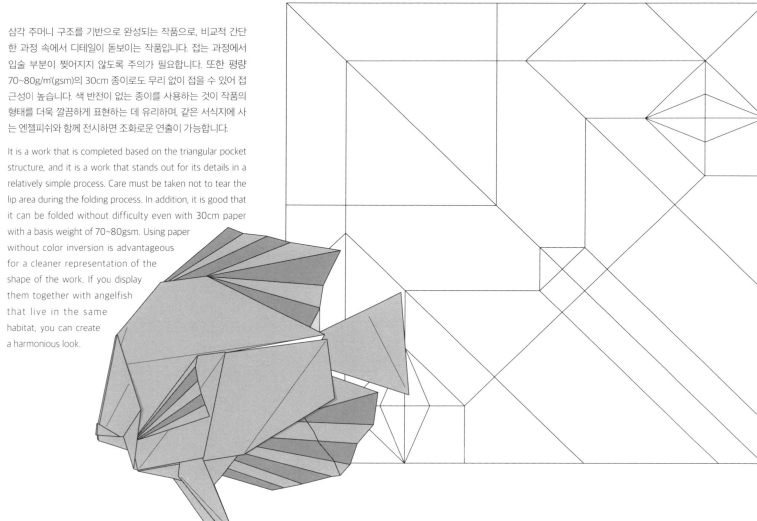

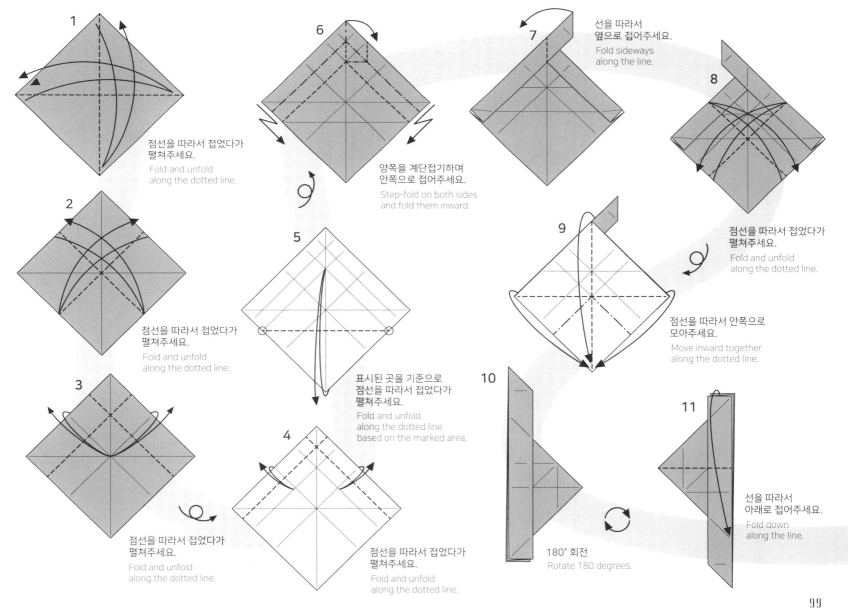

1

점선을 따라서 접었다가
펼쳐주세요.
Fold and unfold
along the dotted line.

2

점선을 따라서 접었다가
펼쳐주세요.
Fold and unfold
along the dotted line.

3

점선을 따라서 접었다가
펼쳐주세요.
Fold and unfold
along the dotted line.

4

점선을 따라서 접었다가
펼쳐주세요.
Fold and unfold
along the dotted line.

5

표시된 곳을 기준으로
점선을 따라서 접었다가
펼쳐주세요.
Fold and unfold
along the dotted line
based on the marked area.

6

양쪽을 계단접기하며
안쪽으로 접어주세요.
Step-fold on both sides
and fold them inward.

7

선을 따라서
옆으로 접어주세요.
Fold sideways
along the line.

8

점선을 따라서 접었다가
펼쳐주세요.
Fold and unfold
along the dotted line.

9

점선을 따라서 안쪽으로
모아주세요.
Move inward together
along the dotted line.

10

180° 회전
Rotate 180 degrees.

11

선을 따라서
아래로 접어주세요.
Fold down
along the line.

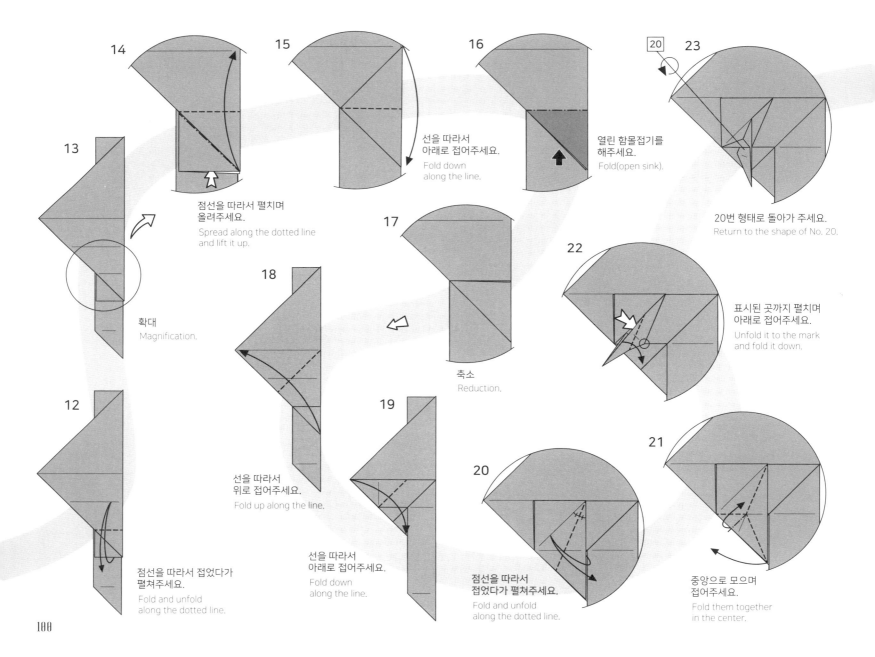

14

점선을 따라서 펼치며
올려주세요.

Spread along the dotted line
and lift it up.

15

선을 따라서
아래로 접어주세요.

Fold down
along the line.

16

열린 함몰접기를
해주세요.

Fold(open sink).

23

20번 형태로 돌아가 주세요.

Return to the shape of No. 20.

13

확대

Magnification.

17

축소

Reduction.

18

선을 따라서
위로 접어주세요.

Fold up along the line.

22

표시된 곳까지 펼치며
아래로 접어주세요.

Unfold it to the mark
and fold it down.

12

점선을 따라서 접었다가
펼쳐주세요.

Fold and unfold
along the dotted line.

19

선을 따라서
아래로 접어주세요.

Fold down
along the line.

20

점선을 따라서
접었다가 펼쳐주세요.

Fold and unfold
along the dotted line.

21

중앙으로 모으며
접어주세요.

Fold them together
in the center.

24

접은 선을 참고하여
양쪽을 계단접기하며 모아주세요.
Refer to the fold line and
step-fold on both sides.

29

11~28

반대편도 11~28번의
과정을 반복합니다.
Repeat the process 11~28
on the other side.

30

점선을 따라서
접었다가 펼쳐주세요.
Fold and unfold
along the dotted line.

31

32번의 모양을 참고하며
양쪽 레이어를 뒤집어주세요.
Refer to the shape of No. 32
and flip both layers.

25

26번의 모양을 참고하여
살짝 틀어주세요.
Refer to the shape of No. 26
and turn it slightly.

28

축소
Reduction.

32

점선을 따라서
접었다가 펼쳐주세요.
(안쪽 기준점 확인)
Fold and unfold
along the dotted line.
(Check the inside
reference point.)

26

선을 따라서
아래로 접어주세요.
Fold down along the line.

27

레이어를 감싸며
뒤로 접어주세요.
Wrap the layers
and fold them back.

33

점선을 따라서
안쪽으로 접어주세요.
Fold inward along
the dotted line.

34

점선을 따라서
접었다가 펼쳐주세요.
Fold and unfold
along the dotted line.

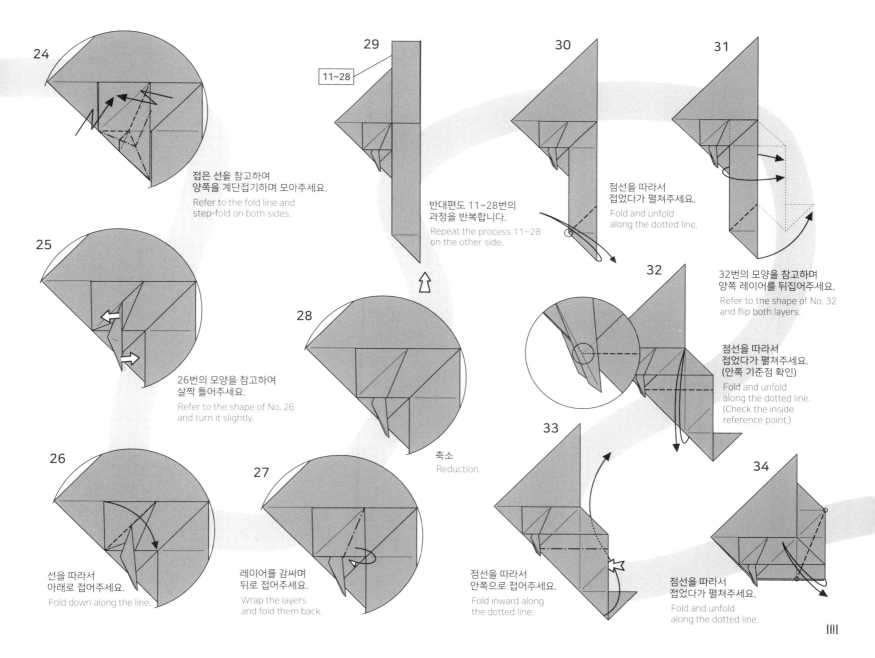

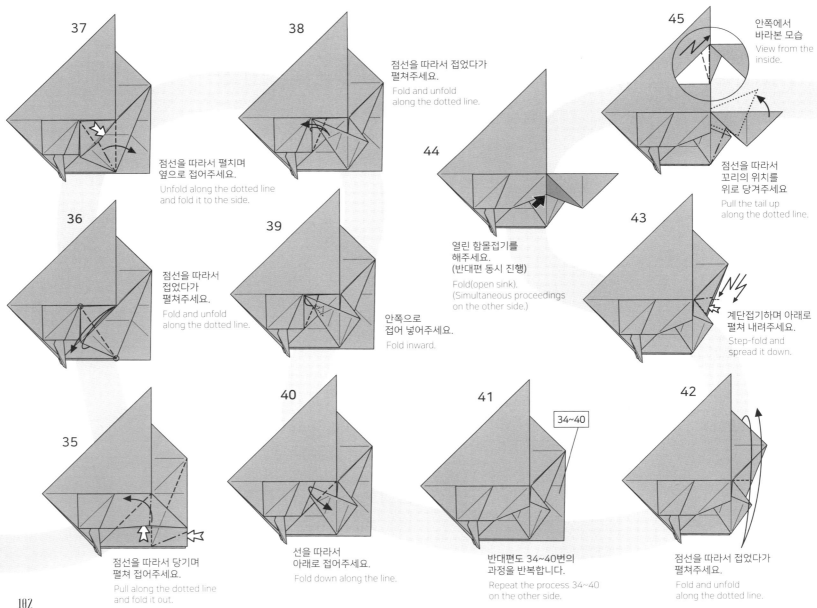

37

점선을 따라서 펼치며
옆으로 접어주세요.
Unfold along the dotted line
and fold it to the side.

38

점선을 따라서 접었다가
펼쳐주세요.
Fold and unfold
along the dotted line.

45

안쪽에서
바라본 모습
View from the
inside.

점선을 따라서
꼬리의 위치를
위로 당겨주세요
Pull the tail up
along the dotted line.

36

점선을 따라서
접었다가
펼쳐주세요.
Fold and unfold
along the dotted line.

39

안쪽으로
접어 넣어주세요.
Fold inward.

44

열린 함몰접기를
해주세요.
(반대편 동시 진행)
Fold(open sink).
(Simultaneous proceedings
on the other side.)

43

계단접기하며 아래로
펼쳐 내려주세요.
Step-fold and
spread it down.

35

점선을 따라서 당기며
펼쳐 접어주세요.
Pull along the dotted line
and fold it out.

40

선을 따라서
아래로 접어주세요.
Fold down along the line.

41

34~40

반대편도 34~40번의
과정을 반복합니다.
Repeat the process 34~40
on the other side.

42

점선을 따라서 접었다가
펼쳐주세요.
Fold and unfold
along the dotted line.

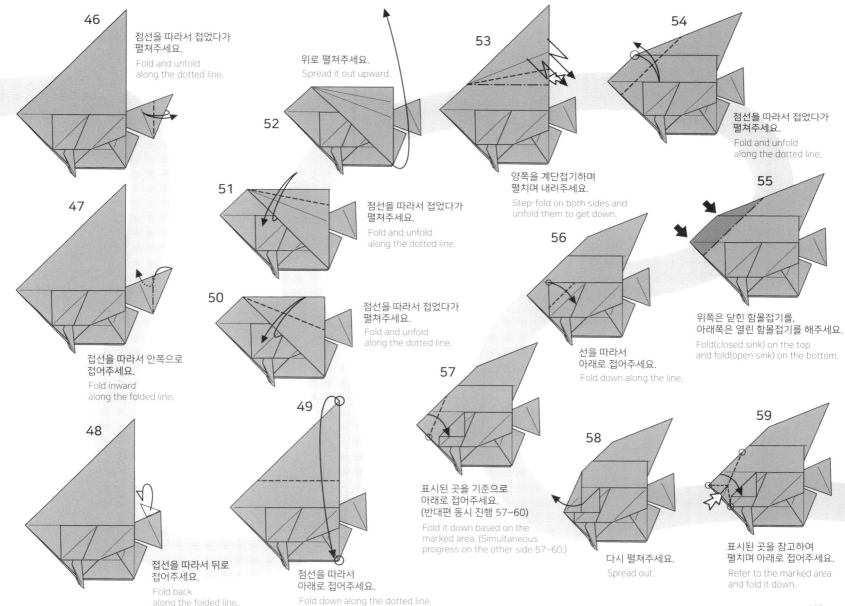

46
점선을 따라서 접었다가
펼쳐주세요.
Fold and unfold
along the dotted line.

52
위로 펼쳐주세요.
Spread it out upward.

53
양쪽을 계단접기하며
펼치며 내려주세요.
Step-fold on both sides and
unfold them to get down.

54
점선을 따라서 접었다가
펼쳐주세요.
Fold and unfold
along the dotted line.

51
점선을 따라서 접었다가
펼쳐주세요.
Fold and unfold
along the dotted line.

55
위쪽은 닫힌 함몰접기를,
아래쪽은 열린 함몰접기를 해주세요.
Fold(closed sink) on the top
and fold(open sink) on the bottom.

47
접선을 따라서 안쪽으로
접어주세요.
Fold inward
along the folded line.

50
점선을 따라서 접었다가
펼쳐주세요.
Fold and unfold
along the dotted line.

56
선을 따라서
아래로 접어주세요.
Fold down along the line.

57
표시된 곳을 기준으로
아래로 접어주세요.
(반대편 동시 진행 57~60)
Fold it down based on the
marked area. (Simultaneous
progress on the other side 57~60.)

48
접선을 따라서 뒤로
접어주세요.
Fold back
along the folded line.

49
점선을 따라서
아래로 접어주세요.
Fold down along the dotted line.

58
다시 펼쳐주세요.
Spread out.

59
표시된 곳을 참고하여
펼치며 아래로 접어주세요.
Refer to the marked area
and fold it down.

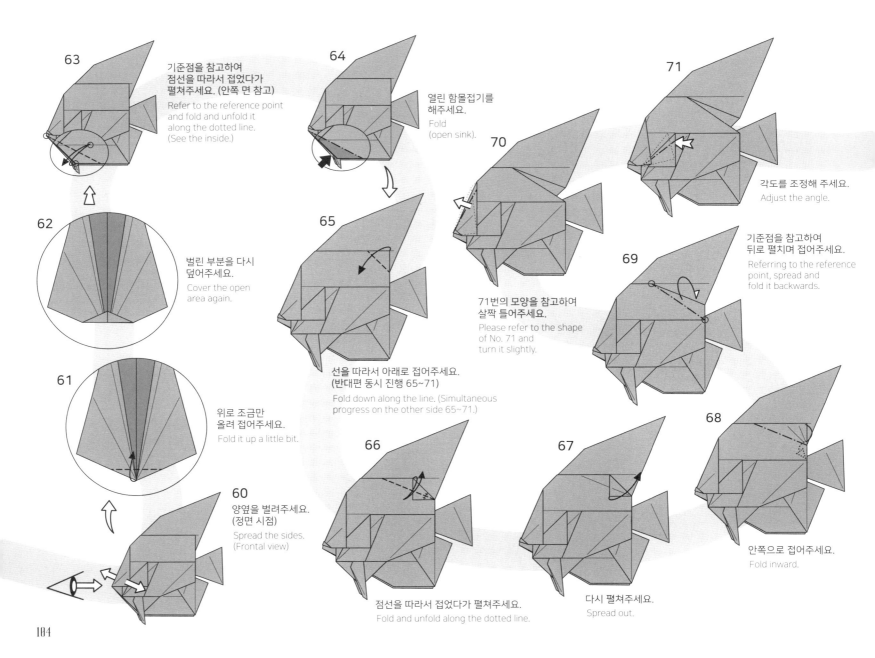

63
기준점을 참고하여
점선을 따라서 접었다가
펼쳐주세요. (안쪽 면 참고)
Refer to the reference point
and fold and unfold it
along the dotted line.
(See the inside.)

64
열린 함몰접기를
해주세요.
Fold
(open sink).

71
각도를 조정해 주세요.
Adjust the angle.

62
벌린 부분을 다시
덮어주세요.
Cover the open
area again.

70

65

기준점을 참고하여
뒤로 펼치며 접어주세요.
Referring to the reference
point, spread and
fold it backwards.

69

71번의 모양을 참고하여
살짝 틀어주세요.
Please refer to the shape
of No. 71 and
turn it slightly.

61
위로 조금만
올려 접어주세요.
Fold it up a little bit.

선을 따라서 아래로 접어주세요.
(반대편 동시 진행 65~71)
Fold down along the line. (Simultaneous
progress on the other side 65~71.)

68

60
양옆을 벌려주세요.
(정면 시점)
Spread the sides.
(Frontal view)

66

67

안쪽으로 접어주세요.
Fold inward.

점선을 따라서 접었다가 펼쳐주세요.
Fold and unfold along the dotted line.

다시 펼쳐주세요.
Spread out.

72

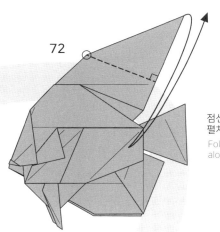

점선을 따라서 접었다가
펼쳐주세요.
Fold and unfold
along the dotted line.

76

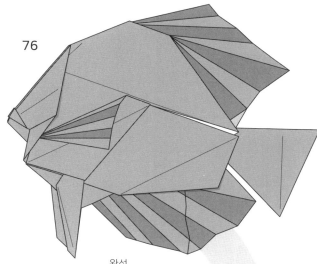

완성
Completed.

73

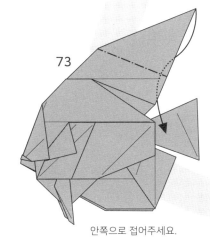

안쪽으로 접어주세요.
Fold inward.

74

선을 따라서 뒤로 넣어주세요.
(반대편도 같이)
Put it back along the line.
(As well as the other side.)

75

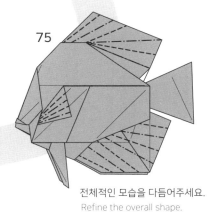

전체적인 모습을 다듬어주세요.
Refine the overall shape.

코리도라스 CORYDORAS

45×45cm, 플러피(비오톱 활용 가능)

사각 주머니 기반의 기존 작품(《ORIGAMI PRO 6 아마존 종이접기편》 수록)에 항문지느러미를 추가하고 전체적인 외형을 발전시켰습니다. 수록된 작품에는 두께감 있는 플러피 종이를 사용했으나, 완성 직전 반으로 접었을 때 두께로 인해 레이어가 밀리는 문제가 발생합니다. 따라서 색 한지나 운용지처럼 얇은 종이를 사용하는 것이 좋습니다. 종이 크기는 30cm 정도가 가장 이상적입니다.

We added an anal fin to the original square pocket-based work (included in Origami Pro 6) and improved the overall look. Thick fluffy paper was used for the included work, but when it was folded in half just before completion, the layer was pushed due to the thickness. Therefore, it is recommended to use a thin piece of paper, such as colored hanji or running paper. Ideally, the paper size is about 30 cm.

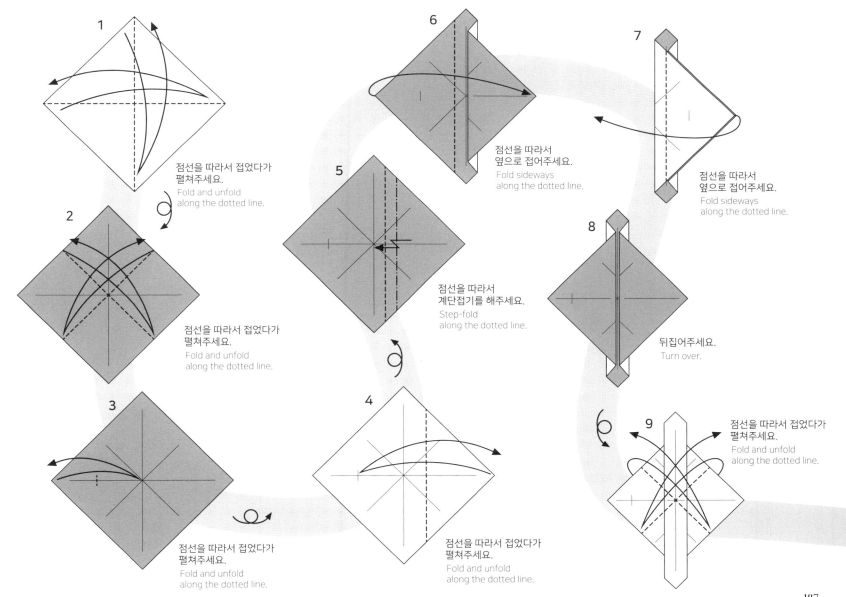

1

점선을 따라서 접었다가
펼쳐주세요.
Fold and unfold
along the dotted line.

2

점선을 따라서 접었다가
펼쳐주세요.
Fold and unfold
along the dotted line.

3

점선을 따라서 접었다가
펼쳐주세요.
Fold and unfold
along the dotted line.

4

점선을 따라서 접었다가
펼쳐주세요.
Fold and unfold
along the dotted line.

5

점선을 따라서
계단접기를 해주세요.
Step-fold
along the dotted line.

6

점선을 따라서
옆으로 접어주세요.
Fold sideways
along the dotted line.

7

점선을 따라서
옆으로 접어주세요.
Fold sideways
along the dotted line.

8

뒤집어주세요.
Turn over.

9

점선을 따라서 접었다가
펼쳐주세요.
Fold and unfold
along the dotted line.

107

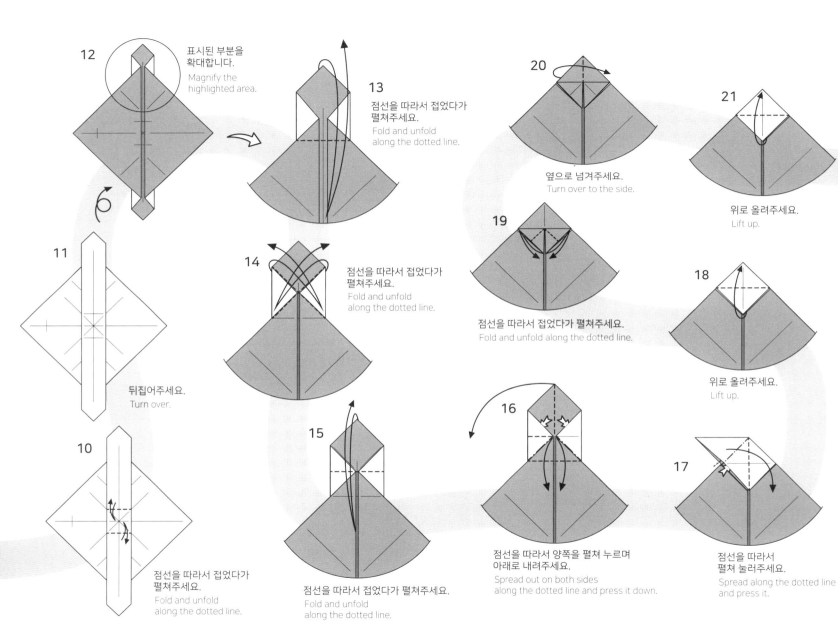

12
표시된 부분을
확대합니다.
Magnify the
highlighted area.

13
점선을 따라서 접었다가
펼쳐주세요.
Fold and unfold
along the dotted line.

20
옆으로 넘겨주세요.
Turn over to the side.

21
위로 올려주세요.
Lift up.

11
뒤집어주세요.
Turn over.

14
점선을 따라서 접었다가
펼쳐주세요.
Fold and unfold
along the dotted line.

19
점선을 따라서 접었다가 펼쳐주세요.
Fold and unfold along the dotted line.

18
위로 올려주세요.
Lift up.

10
점선을 따라서 접었다가
펼쳐주세요.
Fold and unfold
along the dotted line.

15
점선을 따라서 접었다가 펼쳐주세요.
Fold and unfold
along the dotted line.

16
점선을 따라서 양쪽을 펼쳐 누르며
아래로 내려주세요.
Spread out on both sides
along the dotted line and press it down.

17
점선을 따라서
펼쳐 눌러주세요.
Spread along the dotted line
and press it.

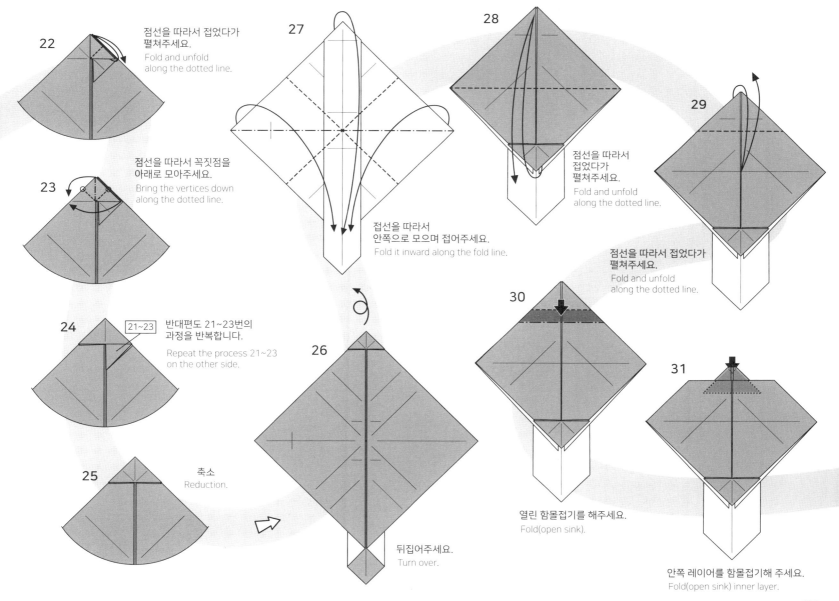

22
점선을 따라서 접었다가
펼쳐주세요.
Fold and unfold
along the dotted line.

23
점선을 따라서 꼭짓점을
아래로 모아주세요.
Bring the vertices down
along the dotted line.

24
21~23
반대편도 21~23번의
과정을 반복합니다.
Repeat the process 21~23
on the other side.

25
축소
Reduction.

26
뒤집어주세요.
Turn over.

27
접선을 따라서
안쪽으로 모으며 접어주세요.
Fold it inward along the fold line.

28
점선을 따라서
접었다가
펼쳐주세요.
Fold and unfold
along the dotted line.

29
점선을 따라서
접었다가
펼쳐주세요.
Fold and unfold
along the dotted line.

점선을 따라서 접었다가
펼쳐주세요.
Fold and unfold
along the dotted line.

30
열린 함몰접기를 해주세요.
Fold(open sink).

31
안쪽 레이어를 함몰접기해 주세요.
Fold(open sink) inner layer.

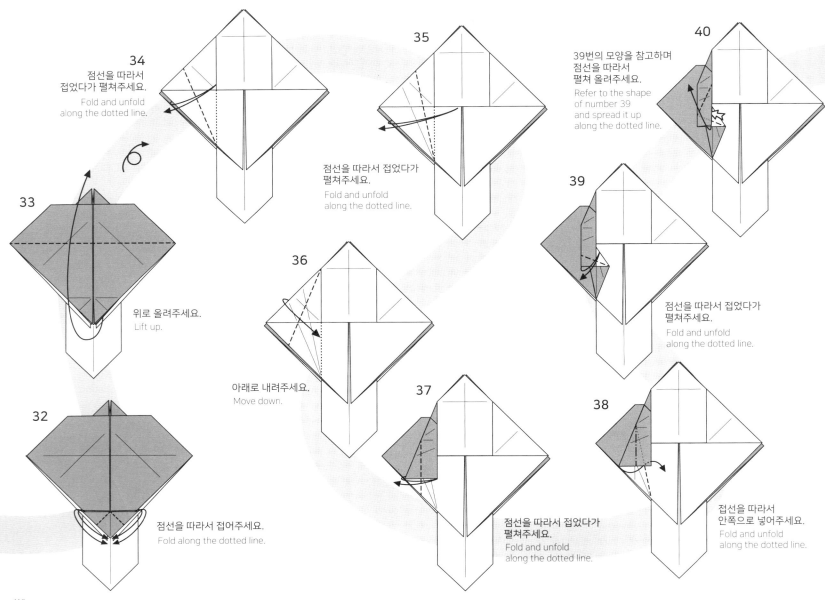

34
점선을 따라서
접었다가 펼쳐주세요.
Fold and unfold
along the dotted line.

35
점선을 따라서 접었다가
펼쳐주세요.
Fold and unfold
along the dotted line.

40
39번의 모양을 참고하며
점선을 따라서
펼쳐 올려주세요.
Refer to the shape
of number 39
and spread it up
along the dotted line.

33
위로 올려주세요.
Lift up.

39
점선을 따라서 접었다가
펼쳐주세요.
Fold and unfold
along the dotted line.

36
아래로 내려주세요.
Move down.

37
점선을 따라서 접었다가
펼쳐주세요.
Fold and unfold
along the dotted line.

38
접선을 따라서
안쪽으로 넣어주세요.
Fold and unfold
along the dotted line.

32
점선을 따라서 접어주세요.
Fold along the dotted line.

41

레이어를
뒤집어주세요.
Turn over the layer.

45

34~44

반대편도 34~44번의
과정을 반복합니다.
Repeat the process 34~44.

46

점선을 따라서 접었다가
펼쳐주세요.
Fold and unfold
along the dotted line.

44

43번의 모양을 참고하여
계단접기하며 위로 당겨주세요.
Refer to the shape of No. 43
and step-fold and pull up.

42

다음 스텝의 ★의 위치와
기준점을 참고하여 점선을 따라서
안쪽으로 접어주세요.
Referring to the reference point
and position of ★,
fold it inward along the dotted line.

43 ★의 위치 확인
Check the location of ★.

47

점선을 따라서
접었다가
펼쳐주세요.
Fold and unfold
along the dotted line.

48

뒤집어주세요.
Turn over.

49

위로 올려주세요.
Lift up.

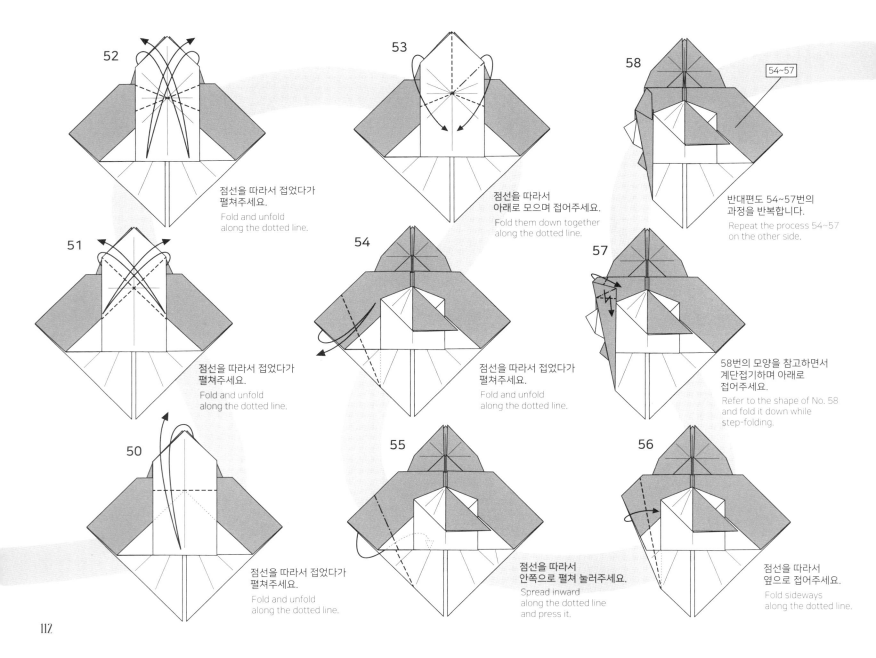

52

점선을 따라서 접었다가
펼쳐주세요.

Fold and unfold
along the dotted line.

53

점선을 따라서
아래로 모으며 접어주세요.

Fold them down together
along the dotted line.

58

54~57

반대편도 54~57번의
과정을 반복합니다.

Repeat the process 54~57
on the other side.

51

점선을 따라서 접었다가
펼쳐주세요.

Fold and unfold
along the dotted line.

54

점선을 따라서 접었다가
펼쳐주세요.

Fold and unfold
along the dotted line.

57

58번의 모양을 참고하면서
계단접기하며 아래로
접어주세요.

Refer to the shape of No. 58
and fold it down while
step-folding.

50

점선을 따라서 접었다가
펼쳐주세요.

Fold and unfold
along the dotted line.

55

점선을 따라서
안쪽으로 펼쳐 눌러주세요.

Spread inward
along the dotted line
and press it.

56

점선을 따라서
옆으로 접어주세요.

Fold sideways
along the dotted line.

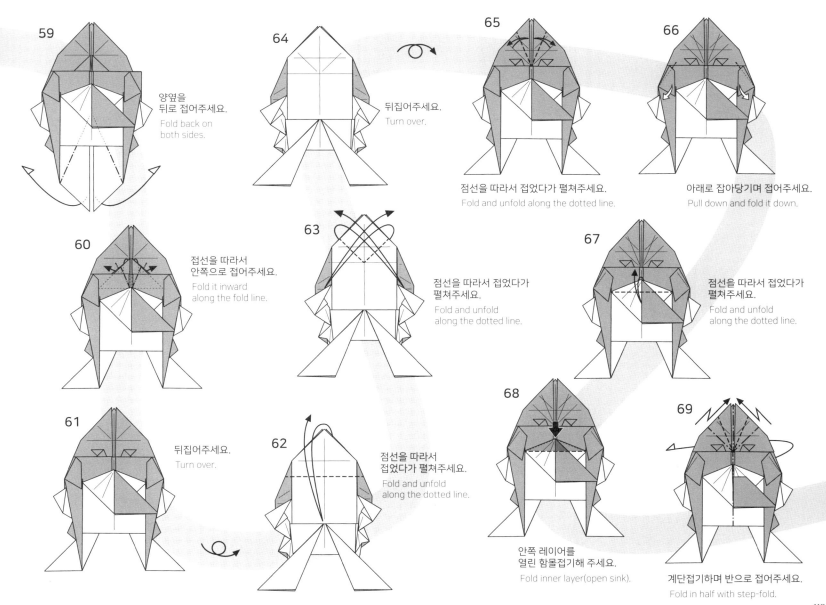

59

양옆을
뒤로 접어주세요.

Fold back on
both sides.

60

접선을 따라서
안쪽으로 접어주세요.

Fold it inward
along the fold line.

61

뒤집어주세요.

Turn over.

62

점선을 따라서
접었다가 펼쳐주세요.

Fold and unfold
along the dotted line.

63

점선을 따라서 접었다가
펼쳐주세요.

Fold and unfold
along the dotted line.

64

뒤집어주세요.

Turn over.

65

점선을 따라서 접었다가 펼쳐주세요.

Fold and unfold along the dotted line.

66

아래로 잡아당기며 접어주세요.

Pull down and fold it down.

67

점선을 따라서 접었다가
펼쳐주세요.

Fold and unfold
along the dotted line.

68

안쪽 레이어를
열린 함몰접기해 주세요.

Fold inner layer(open sink).

69

계단접기하며 반으로 접어주세요.

Fold in half with step-fold.

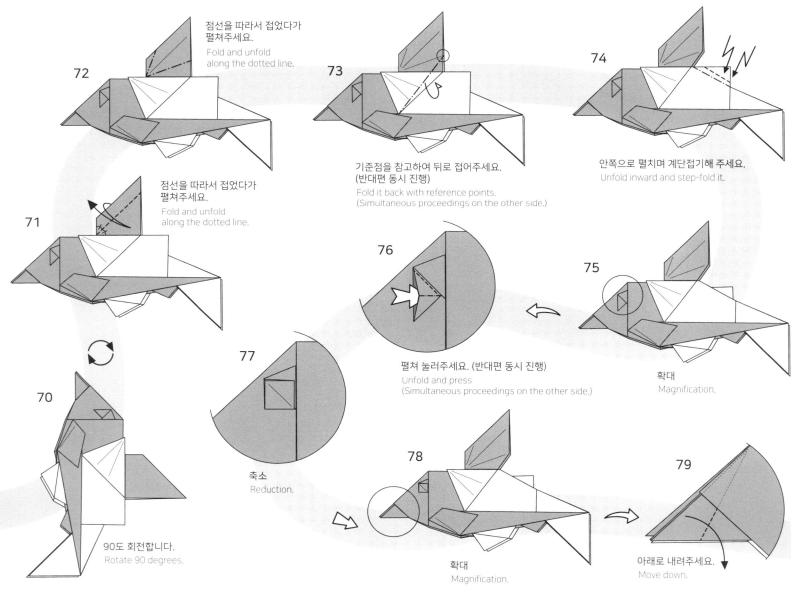

72

점선을 따라서 접었다가
펼쳐주세요.
Fold and unfold
along the dotted line.

73

기준점을 참고하여 뒤로 접어주세요.
(반대편 동시 진행)
Fold it back with reference points.
(Simultaneous proceedings on the other side.)

74

안쪽으로 펼치며 계단접기해 주세요.
Unfold inward and step-fold it.

71

점선을 따라서 접었다가
펼쳐주세요.
Fold and unfold
along the dotted line.

76

펼쳐 눌러주세요. (반대편 동시 진행)
Unfold and press
(Simultaneous proceedings on the other side.)

75

확대
Magnification.

70

90도 회전합니다.
Rotate 90 degrees.

77

축소
Reduction.

78

확대
Magnification.

79

아래로 내려주세요.
Move down.

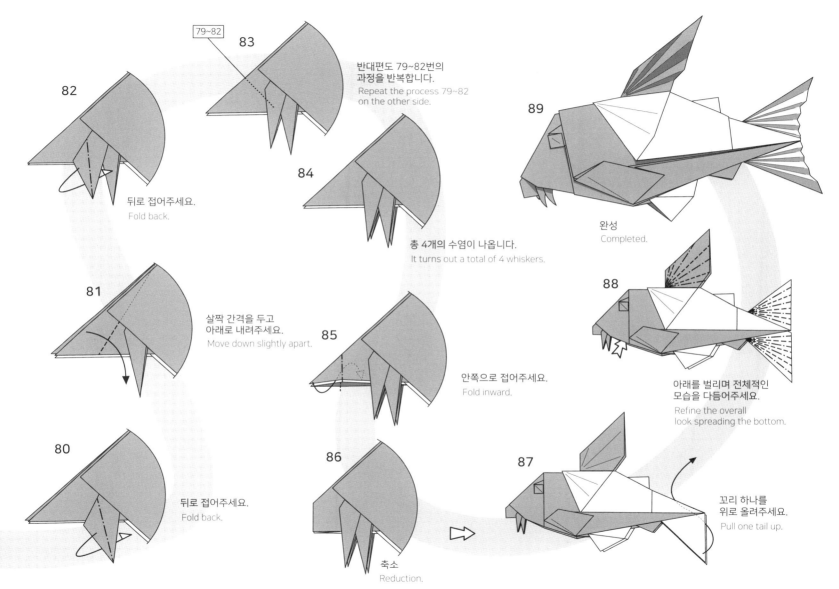

82

뒤로 접어주세요.
Fold back.

83

79~82

반대편도 79~82번의
과정을 반복합니다.
Repeat the process 79~82
on the other side.

84

총 4개의 수염이 나옵니다.
It turns out a total of 4 whiskers.

81

살짝 간격을 두고
아래로 내려주세요.
Move down slightly apart.

85

안쪽으로 접어주세요.
Fold inward.

80

뒤로 접어주세요.
Fold back.

86

축소
Reduction.

87

꼬리 하나를
위로 올려주세요.
Pull one tail up.

88

아래를 벌리며 전체적인
모습을 다듬어주세요.
Refine the overall
look spreading the bottom.

89

완성
Completed.

망둑어 MUDSKIPPER

45×45cm, 플러피(비오톱 활용 가능)

이 작품은 입체화를 진행하는 과정에서 특히 얼굴 부분의 종이
가 터지지 않도록 세심하게 주의해야 합니다. 또한 등지느러미를
다양한 형태로 표현하면 여러 가지 개성 있는 망둑어를 접을 수
있습니다. 얼굴 부분은 디테일이 많아 작업 후반부로 갈수록 세
밀한 과정이 필요합니다. 완성을 앞두고 한 번 더 전체적인 균형
과 세부 표현을 정리하고 다듬어준다면 더욱 완성도 높은 작품
을 완성할 수 있을 것입니다.

In the process of three-dimensionalization, this work
requires great care not to burst the paper, especially in
the face area. In addition, the different forms of the
dorsal fin allow for the folding of a number of distinctive
gobies. The face has a lot of detail, so it needs to be
more detailed towards the end of the work. If you
organize and refine the overall balance and details once
more before completion, you will be able to get a more
complete work.

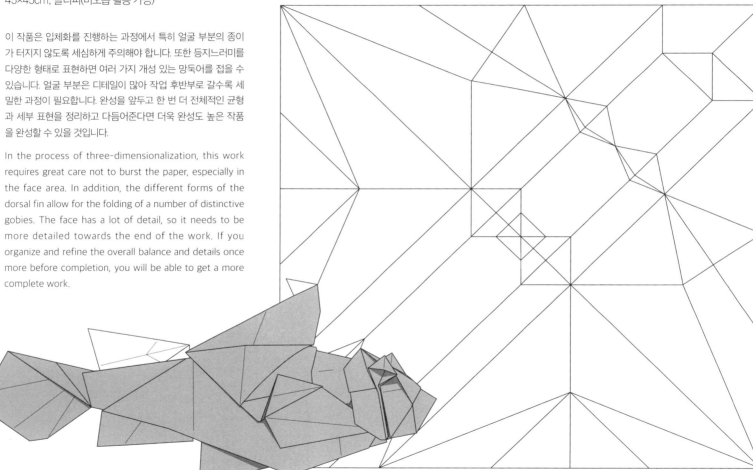

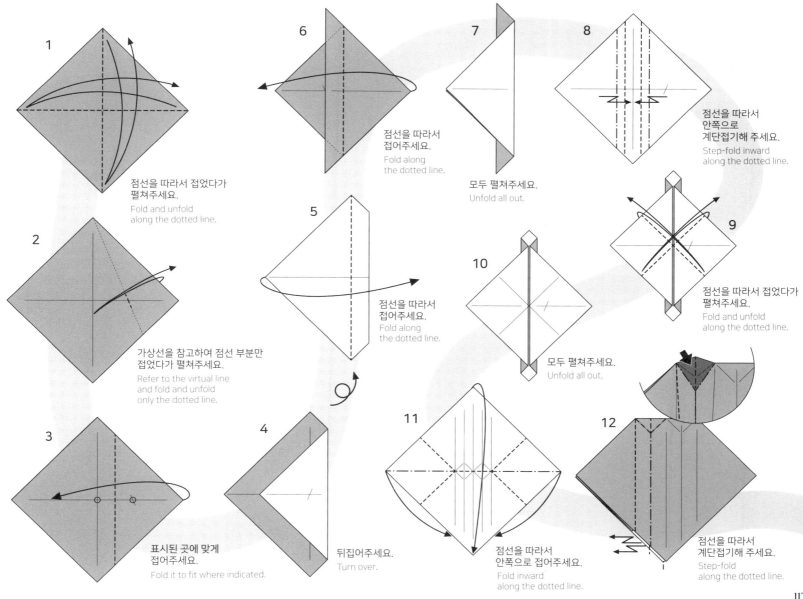

1
점선을 따라서 접었다가
펼쳐주세요.
Fold and unfold
along the dotted line.

2
가상선을 참고하여 점선 부분만
접었다가 펼쳐주세요.
Refer to the virtual line
and fold and unfold
only the dotted line.

3
표시된 곳에 맞게
접어주세요.
Fold it to fit where indicated.

4
뒤집어주세요.
Turn over.

5
점선을 따라서
접어주세요.
Fold along
the dotted line.

6
점선을 따라서
접어주세요.
Fold along
the dotted line.

7
모두 펼쳐주세요.
Unfold all out.

8
점선을 따라서
안쪽으로
계단접기해 주세요.
Step-fold inward
along the dotted line.

9
점선을 따라서 접었다가
펼쳐주세요.
Fold and unfold
along the dotted line.

10
모두 펼쳐주세요.
Unfold all out.

11
점선을 따라서
안쪽으로 접어주세요.
Fold inward
along the dotted line.

12
점선을 따라서
계단접기해 주세요.
Step-fold
along the dotted line.

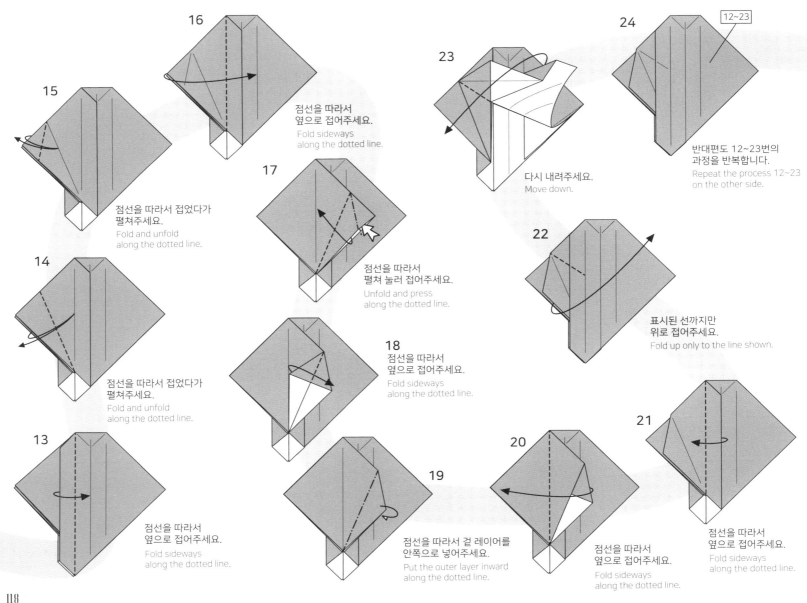

15

점선을 따라서 접었다가
펼쳐주세요.
Fold and unfold
along the dotted line.

16

점선을 따라서
옆으로 접어주세요.
Fold sideways
along the dotted line.

17

점선을 따라서
펼쳐 눌러 접어주세요.
Unfold and press
along the dotted line.

14

점선을 따라서 접었다가
펼쳐주세요.
Fold and unfold
along the dotted line.

18

점선을 따라서
옆으로 접어주세요.
Fold sideways
along the dotted line.

13

점선을 따라서
옆으로 접어주세요.
Fold sideways
along the dotted line.

19

점선을 따라서 겉 레이어를
안쪽으로 넣어주세요.
Put the outer layer inward
along the dotted line.

23

다시 내려주세요.
Move down.

24

12~23

반대편도 12~23번의
과정을 반복합니다.
Repeat the process 12~23
on the other side.

22

표시된 선까지만
위로 접어주세요.
Fold up only to the line shown.

21

점선을 따라서
옆으로 접어주세요.
Fold sideways
along the dotted line.

20

점선을 따라서
옆으로 접어주세요.
Fold sideways
along the dotted line.

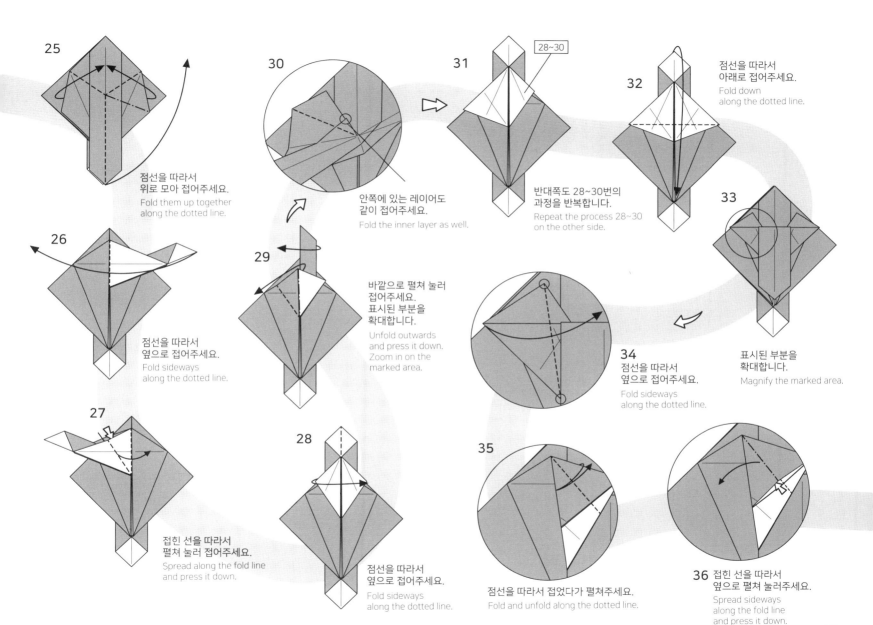

25
점선을 따라서
위로 모아 접어주세요.
Fold them up together
along the dotted line.

26
점선을 따라서
옆으로 접어주세요.
Fold sideways
along the dotted line.

27
접힌 선을 따라서
펼쳐 눌러 접어주세요.
Spread along the fold line
and press it down.

28
점선을 따라서
옆으로 접어주세요.
Fold sideways
along the dotted line.

29
바깥으로 펼쳐 눌러
접어주세요.
표시된 부분을
확대합니다.
Unfold outwards
and press it down.
Zoom in on the
marked area.

30
안쪽에 있는 레이어도
같이 접어주세요.
Fold the inner layer as well.

28~30

31
반대쪽도 28~30번의
과정을 반복합니다.
Repeat the process 28~30
on the other side.

32
점선을 따라서
아래로 접어주세요.
Fold down
along the dotted line.

33
표시된 부분을
확대합니다.
Magnify the marked area.

34
점선을 따라서
옆으로 접어주세요.
Fold sideways
along the dotted line.

35
점선을 따라서 접었다가 펼쳐주세요.
Fold and unfold along the dotted line.

36 접힌 선을 따라서
옆으로 펼쳐 눌러주세요.
Spread sideways
along the fold line
and press it down.

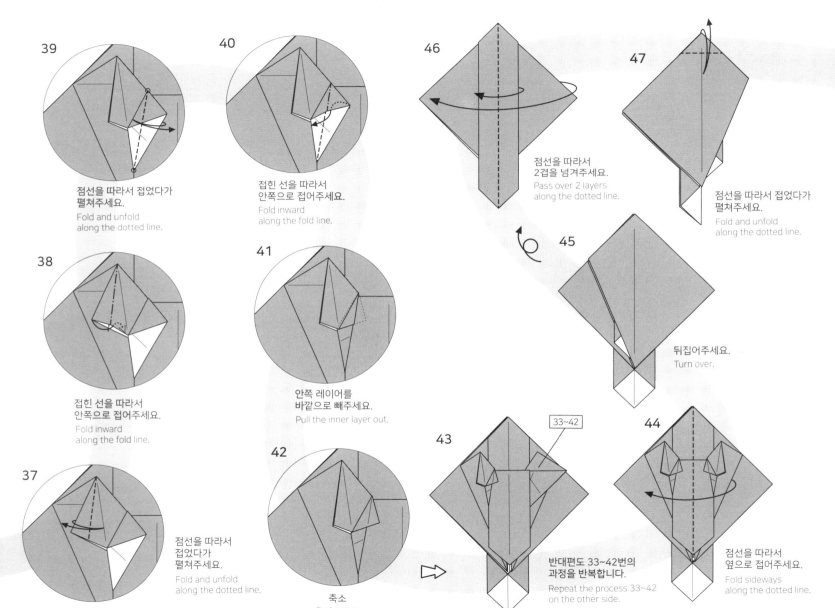

39

점선을 따라서 접었다가
펼쳐주세요.
Fold and unfold
along the dotted line.

40

접힌 선을 따라서
안쪽으로 접어주세요.
Fold inward
along the fold line.

38

접힌 선을 따라서
안쪽으로 접어주세요.
Fold inward
along the fold line.

41

안쪽 레이어를
바깥으로 빼주세요.
Pull the inner layer out.

37

점선을 따라서
접었다가
펼쳐주세요.
Fold and unfold
along the dotted line.

42

축소
Reduction.

46

점선을 따라서
2겹을 넘겨주세요.
Pass over 2 layers
along the dotted line.

47

점선을 따라서 접었다가
펼쳐주세요.
Fold and unfold
along the dotted line.

45

뒤집어주세요.
Turn over.

43

33~42

반대편도 33~42번의
과정을 반복합니다.
Repeat the process 33~42
on the other side.

44

점선을 따라서
옆으로 접어주세요.
Fold sideways
along the dotted line.

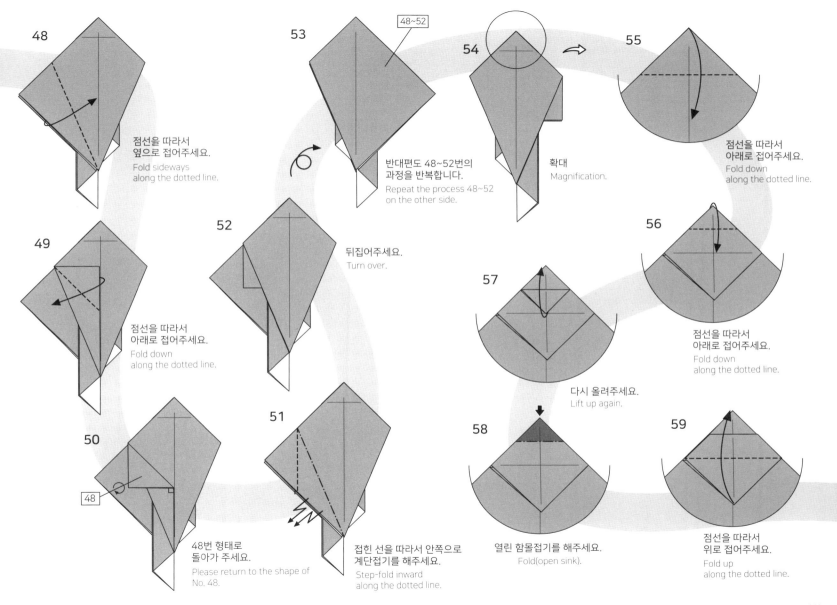

48

점선을 따라서
옆으로 접어주세요.
Fold sideways
along the dotted line.

49

점선을 따라서
아래로 접어주세요.
Fold down
along the dotted line.

50

48

48번 형태로
돌아가 주세요.
Please return to the shape of
No. 48.

51

접힌 선을 따라서 안쪽으로
계단접기를 해주세요.
Step-fold inward
along the dotted line.

52

뒤집어주세요.
Turn over.

53

48~52

반대편도 48~52번의
과정을 반복합니다.
Repeat the process 48~52
on the other side.

54

확대
Magnification.

55

점선을 따라서
아래로 접어주세요.
Fold down
along the dotted line.

56

점선을 따라서
아래로 접어주세요.
Fold down
along the dotted line.

57

다시 올려주세요.
Lift up again.

58

열린 함몰접기를 해주세요.
Fold(open sink).

59

점선을 따라서
위로 접어주세요.
Fold up
along the dotted line.

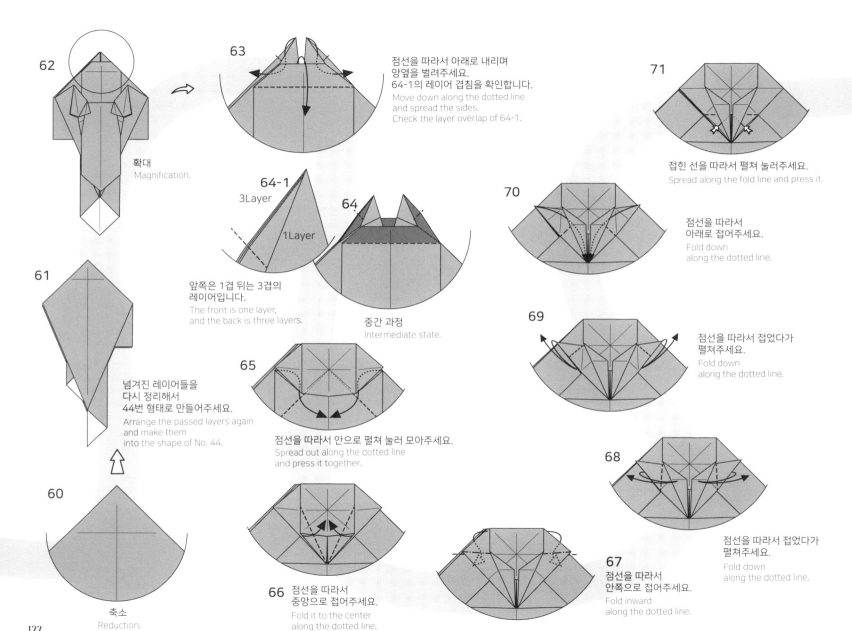

62

확대
Magnification.

63

점선을 따라서 아래로 내리며
양옆을 벌려주세요.
64-1의 레이어 겹침을 확인합니다.
Move down along the dotted line
and spread the sides.
Check the layer overlap of 64-1.

71

접힌 선을 따라서 펼쳐 눌러주세요.
Spread along the fold line and press it.

64-1
3Layer
1Layer

64

70

점선을 따라서
아래로 접어주세요.
Fold down
along the dotted line.

앞쪽은 1겹 뒤는 3겹의
레이어입니다.
The front is one layer,
and the back is three layers.

중간 과정
Intermediate state.

69

점선을 따라서 접었다가
펼쳐주세요.
Fold down
along the dotted line.

61

넘겨진 레이어들을
다시 정리해서
44번 형태로 만들어주세요.
Arrange the passed layers again
and make them
into the shape of No. 44.

65

점선을 따라서 안으로 펼쳐 눌러 모아주세요.
Spread out along the dotted line
and press it together.

68

점선을 따라서 접었다가
펼쳐주세요.
Fold down
along the dotted line.

60

축소
Reduction.

66 점선을 따라서
중앙으로 접어주세요.
Fold it to the center
along the dotted line.

67
점선을 따라서
안쪽으로 접어주세요.
Fold inward
along the dotted line.

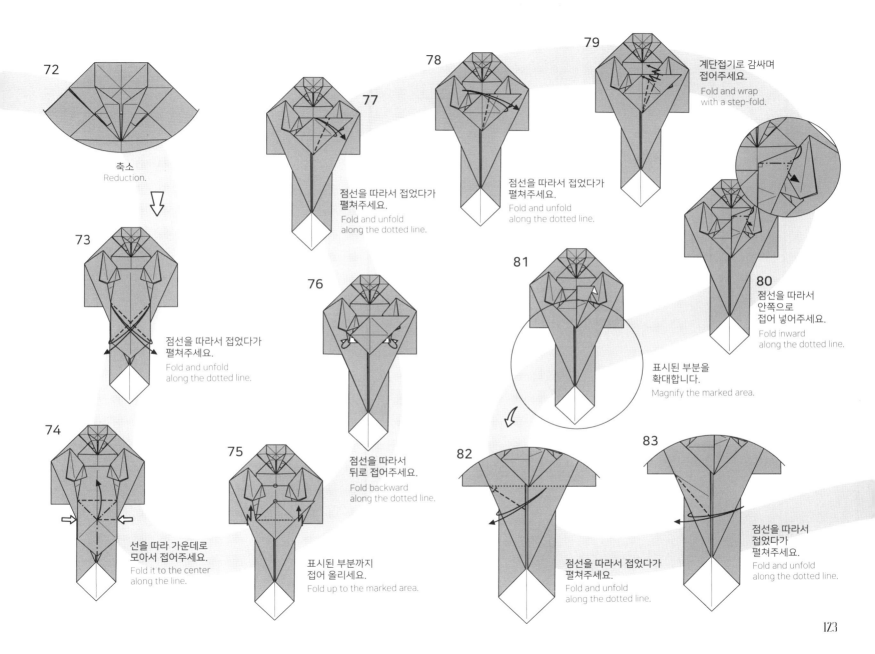

72

축소
Reduction.

73

점선을 따라서 접었다가
펼쳐주세요.
Fold and unfold
along the dotted line.

74

선을 따라 가운데로
모아서 접어주세요.
Fold it to the center
along the line.

75

표시된 부분까지
접어 올리세요.
Fold up to the marked area.

76

점선을 따라서
뒤로 접어주세요.
Fold backward
along the dotted line.

77

점선을 따라서 접었다가
펼쳐주세요.
Fold and unfold
along the dotted line.

78

점선을 따라서 접었다가
펼쳐주세요.
Fold and unfold
along the dotted line.

79

계단접기로 감싸며
접어주세요.
Fold and wrap
with a step-fold.

80

점선을 따라서
안쪽으로
접어 넣어주세요.
Fold inward
along the dotted line.

81

표시된 부분을
확대합니다.
Magnify the marked area.

82

점선을 따라서 접었다가
펼쳐주세요.
Fold and unfold
along the dotted line.

83

점선을 따라서
접었다가
펼쳐주세요.
Fold and unfold
along the dotted line.

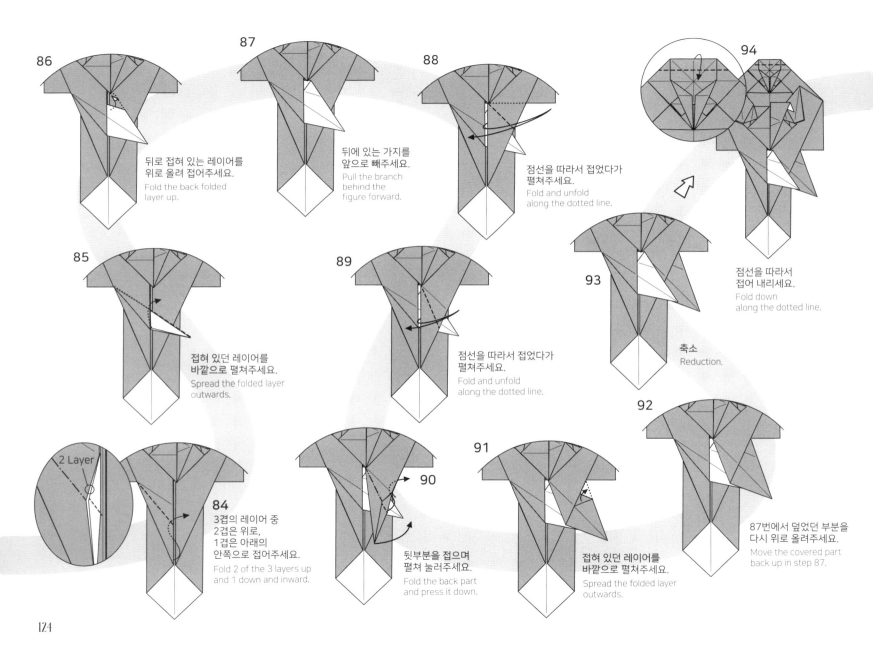

86
뒤로 접혀 있는 레이어를
위로 올려 접어주세요.
Fold the back folded
layer up.

87
뒤에 있는 가지를
앞으로 빼주세요.
Pull the branch
behind the
figure forward.

88
점선을 따라서 접었다가
펼쳐주세요.
Fold and unfold
along the dotted line.

94

점선을 따라서
접어 내리세요.
Fold down
along the dotted line.

85
접혀 있던 레이어를
바깥으로 펼쳐주세요.
Spread the folded layer
outwards.

89
점선을 따라서 접었다가
펼쳐주세요.
Fold and unfold
along the dotted line.

93

축소
Reduction.

2 Layer

84
3겹의 레이어 중
2겹은 위로,
1겹은 아래의
안쪽으로 접어주세요.
Fold 2 of the 3 layers up
and 1 down and inward.

90
뒷부분을 접으며
펼쳐 눌러주세요.
Fold the back part
and press it down.

91
접혀 있던 레이어를
바깥으로 펼쳐주세요.
Spread the folded layer
outwards.

92
87번에서 덮었던 부분을
다시 위로 올려주세요.
Move the covered part
back up in step 87.

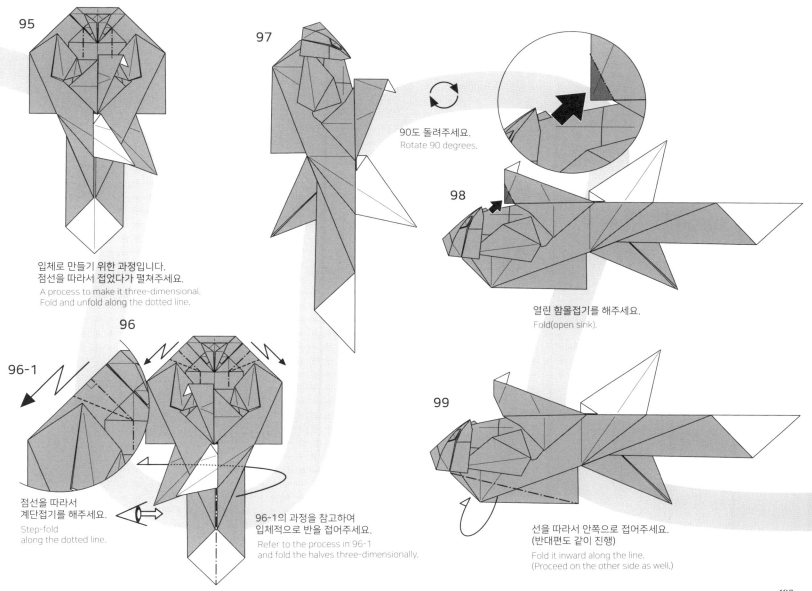

95

입체로 만들기 위한 과정입니다.
점선을 따라서 접었다가 펼쳐주세요.
A process to make it three-dimensional.
Fold and unfold along the dotted line.

96

96-1

점선을 따라서
계단접기를 해주세요.
Step-fold
along the dotted line.

96-1의 과정을 참고하여
입체적으로 반을 접어주세요.
Refer to the process in 96-1
and fold the halves three-dimensionally.

97

90도 돌려주세요.
Rotate 90 degrees.

98

열린 함몰접기를 해주세요.
Fold(open sink).

99

선을 따라서 안쪽으로 접어주세요.
(반대편도 같이 진행)
Fold it inward along the line.
(Proceed on the other side as well.)

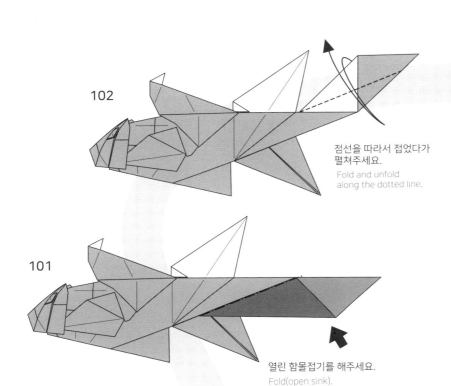

102

점선을 따라서 접었다가
펼쳐주세요.
Fold and unfold
along the dotted line.

101

열린 함몰접기를 해주세요.
Fold(open sink).

100

점선을 따라서 접었다가
펼쳐주세요.
Fold and unfold
along the dotted line.

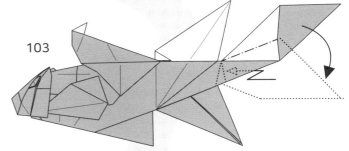

103

안쪽 레이어를 계단접기하며
꼬리 부분을 내려줍니다.
Step-fold the inner layer
and lower the tail.

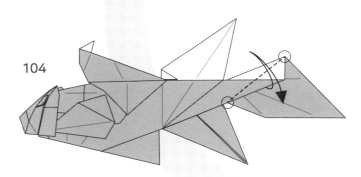

104

점선을 따라서 접었다가
펼쳐주세요.
(반대편도 같이 진행)
Fold and unfold along the dotted line.
(Proceed on the other side as well.)

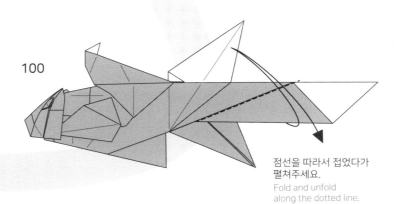

107

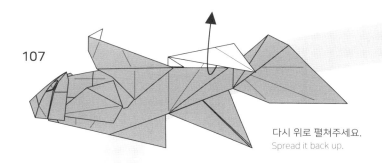

다시 위로 펼쳐주세요.
Spread it back up.

108

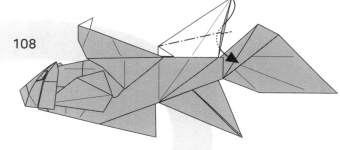

접힌 선을 따라서
안쪽으로 접어주세요.
Fold inward along the fold line.

106

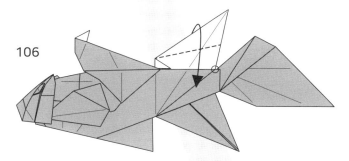

위의 선과 ○ 표시가 만나도록 접어주세요.
(107번 모양 참고)
Fold it so that the line above meets the 'O'.
(See the shape of No. 107.)

109

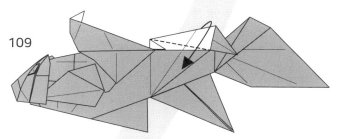

점선을 따라서
아래로 접어 내리세요.
Fold down along the dotted line.

105

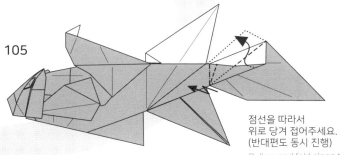

점선을 따라서
위로 당겨 접어주세요.
(반대편도 동시 진행)
Pull up and fold along the dotted line.
(Proceed on the other side as well.)

110

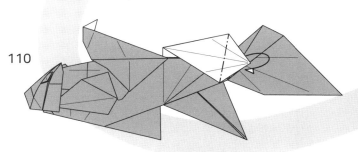

점선을 따라서 뒤로 접어주세요.
Fold backward along the dotted line.

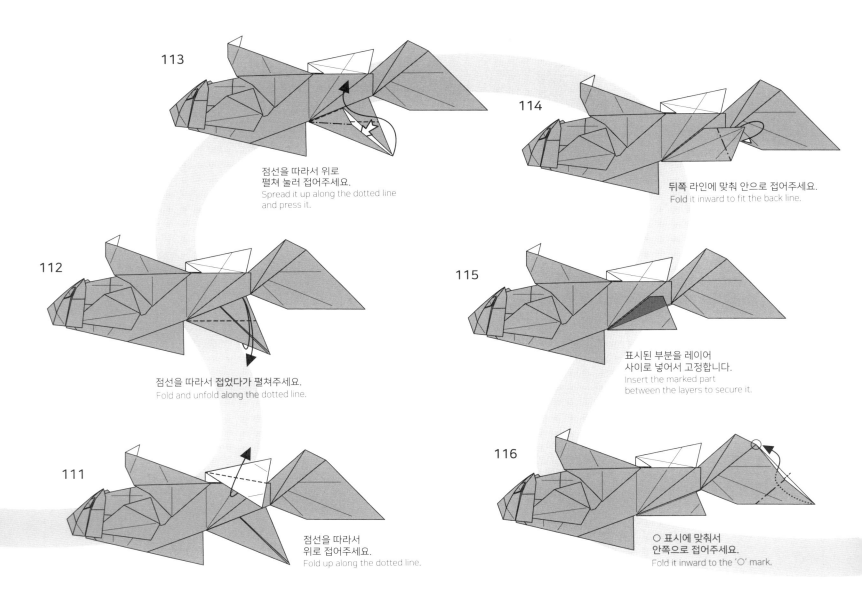

113

점선을 따라서 위로
펼쳐 눌러 접어주세요.
Spread it up along the dotted line
and press it.

114

뒤쪽 라인에 맞춰 안으로 접어주세요.
Fold it inward to fit the back line.

112

점선을 따라서 **접었다가** 펼쳐주세요.
Fold and unfold **along the** dotted line.

115

표시된 부분을 레이어
사이로 넣어서 고정합니다.
Insert the marked part
between the layers to secure it.

111

점선을 따라서
위로 접어주세요.
Fold up along the dotted line.

116

○ 표시에 맞춰서
안쪽으로 접어주세요.
Fold it inward to the 'O' mark.

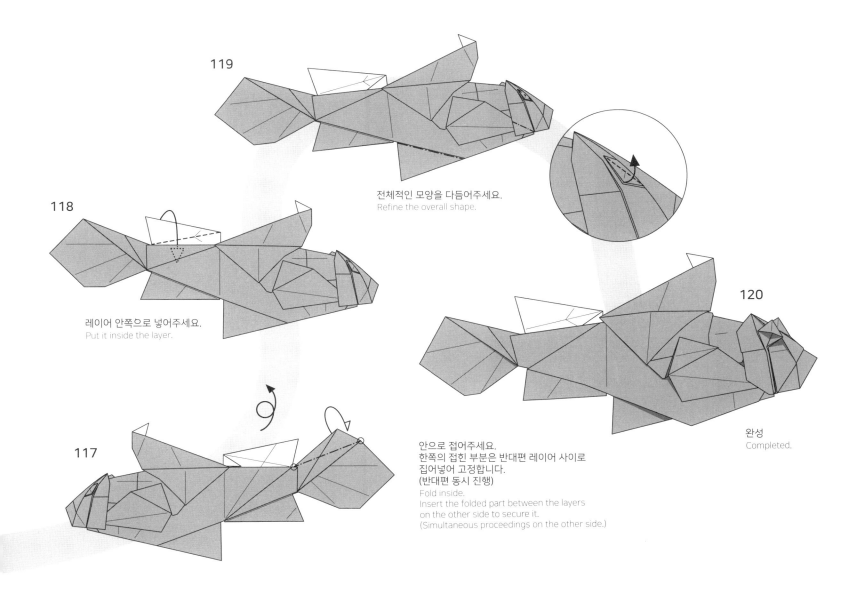

119

전체적인 모양을 다듬어주세요.
Refine the overall shape.

118

레이어 안쪽으로 넣어주세요.
Put it inside the layer.

120

완성
Completed.

117

안으로 접어주세요.
한쪽의 접힌 부분은 반대편 레이어 사이로
집어넣어 고정합니다.
(반대편 동시 진행)
Fold inside.
Insert the folded part between the layers
on the other side to secure it.
(Simultaneous proceedings on the other side.)

메기 **CATFISH**

45×45cm, 플러피(비오톱 활용 가능)

선을 내는 과정이 복잡하고 기준선이 안 맞으면 기본형을 만드는 과정에서 많이 틀어지기에, 초반 선 내기 작업은 천천히 집중해서 해야 합니다. 입체화 과정에서 드러나는 특징들이 재밌습니다. 다만 안쪽 수염을 꺼낼 때 찢어질 염려가 있으므로 주의해야 하며, 꼬리 부분은 곡선으로 마무리하면 더욱 다채로운 작품이 완성됩니다. 표지에 사용된 종이는 색 반전이 없는 플러피 용지이지만, 접을 때 두께감이 있으며 색 반전이 있는 종이를 추천합니다. 종이 크기는 40~60cm를 추천합니다.

The process of making the fold line in origami is complicated, and if the baseline is not right, it will deviate a lot in the process of making the basic shape, so the process of making the initial line should be done slowly and with concentration. It's interesting to see the features that are revealed in the three-dimensional process. However, you need to be careful when pulling out the inner whisker as there is a risk of tearing, and if you finish the tail with a curved shape, you will have a more colorful look. The paper used for the cover is fluffy paper without color inversion, but it is difficult to fold, and paper with color inversion is recommended. We recommend a paper size of 40~60cm.

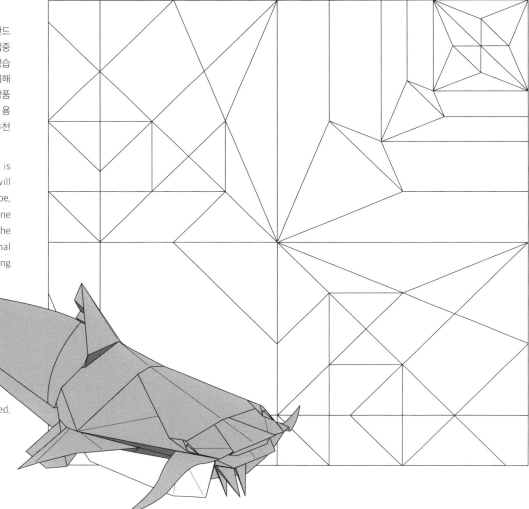

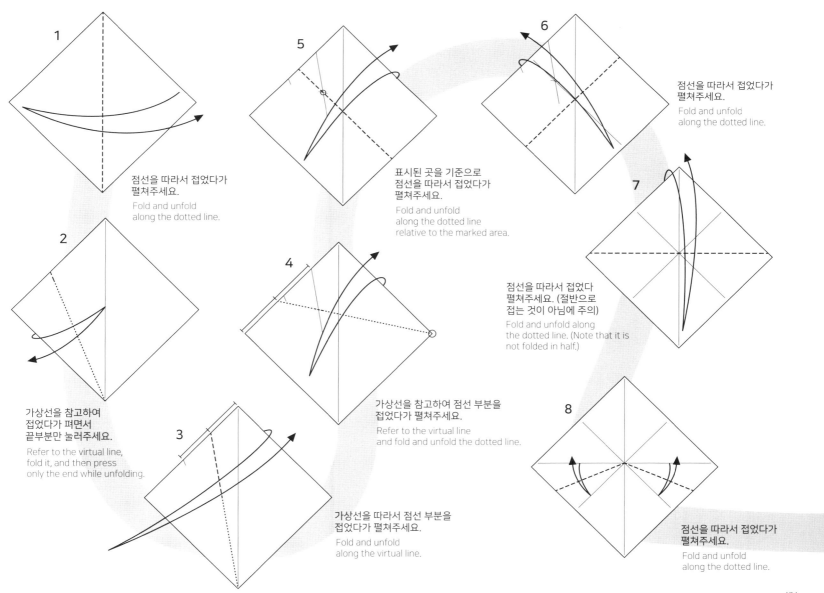

1

점선을 따라서 접었다가
펼쳐주세요.

Fold and unfold
along the dotted line.

2

가상선을 참고하여
접었다가 펴면서
끝부분만 눌러주세요.

Refer to the virtual line,
fold it, and then press
only the end while unfolding.

3

가상선을 따라서 점선 부분을
접었다가 펼쳐주세요.

Fold and unfold
along the virtual line.

4

가상선을 참고하여 점선 부분을
접었다가 펼쳐주세요.

Refer to the virtual line
and fold and unfold the dotted line.

5

표시된 곳을 기준으로
점선을 따라서 접었다가
펼쳐주세요.

Fold and unfold
along the dotted line
relative to the marked area.

6

점선을 따라서 접었다가
펼쳐주세요.

Fold and unfold
along the dotted line.

7

점선을 따라서 접었다
펼쳐주세요. (절반으로
접는 것이 아님에 주의)

Fold and unfold along
the dotted line. (Note that it is
not folded in half.)

8

점선을 따라서 접었다가
펼쳐주세요.

Fold and unfold
along the dotted line.

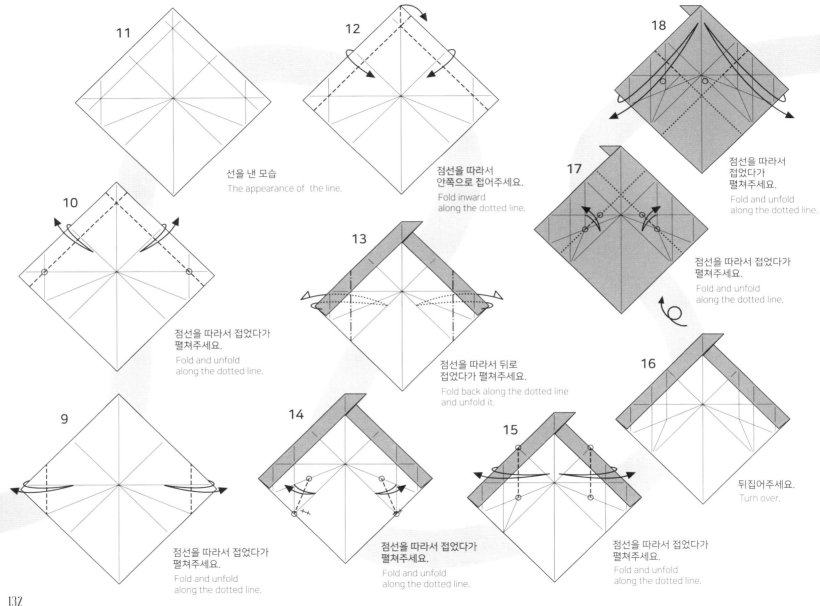

11

선을 낸 모습
The appearance of the line.

12

점선을 따라서
안쪽으로 접어주세요.
Fold inward
along the dotted line.

18

점선을 따라서
접었다가
펼쳐주세요.
Fold and unfold
along the dotted line.

17

점선을 따라서 접었다가
펼쳐주세요.
Fold and unfold
along the dotted line.

10

점선을 따라서 접었다가
펼쳐주세요.
Fold and unfold
along the dotted line.

13

점선을 따라서 뒤로
접었다가 펼쳐주세요.
Fold back along the dotted line
and unfold it.

16

뒤집어주세요.
Turn over.

9

점선을 따라서 접었다가
펼쳐주세요.
Fold and unfold
along the dotted line.

14

점선을 따라서 접었다가
펼쳐주세요.
Fold and unfold
along the dotted line.

15

점선을 따라서 접었다가
펼쳐주세요.
Fold and unfold
along the dotted line.

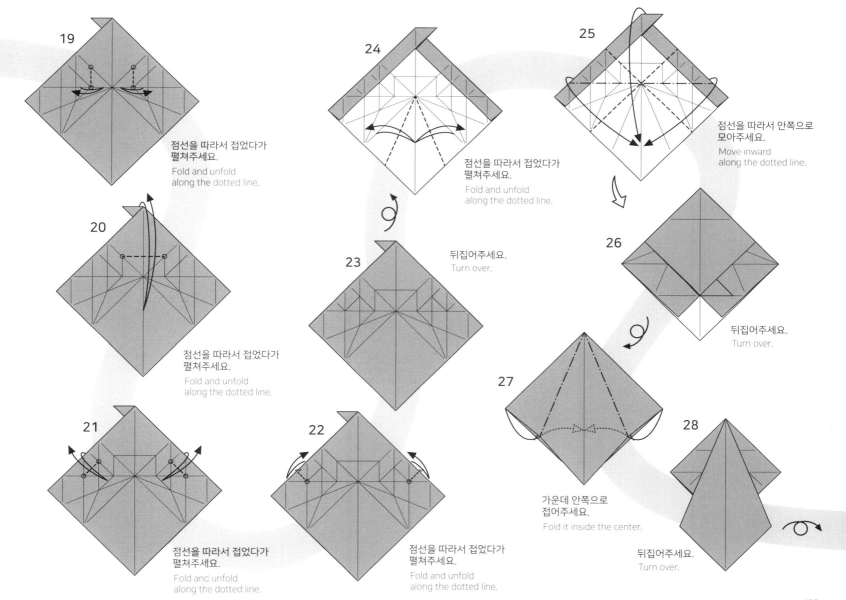

19

점선을 따라서 접었다가
펼쳐주세요.

*Fold and unfold
along the dotted line.*

20

점선을 따라서 접었다가
펼쳐주세요.

*Fold and unfold
along the dotted line.*

21

점선을 따라서 접었다가
펼쳐주세요.

*Fold and unfold
along the dotted line.*

22

점선을 따라서 접었다가
펼쳐주세요.

*Fold and unfold
along the dotted line.*

23

뒤집어주세요.

Turn over.

24

점선을 따라서 접었다가
펼쳐주세요.

*Fold and unfold
along the dotted line.*

25

점선을 따라서 안쪽으로
모아주세요.

*Move inward
along the dotted line.*

26

뒤집어주세요.

Turn over.

27

가운데 안쪽으로
접어주세요.

Fold it inside the center.

28

뒤집어주세요.

Turn over.

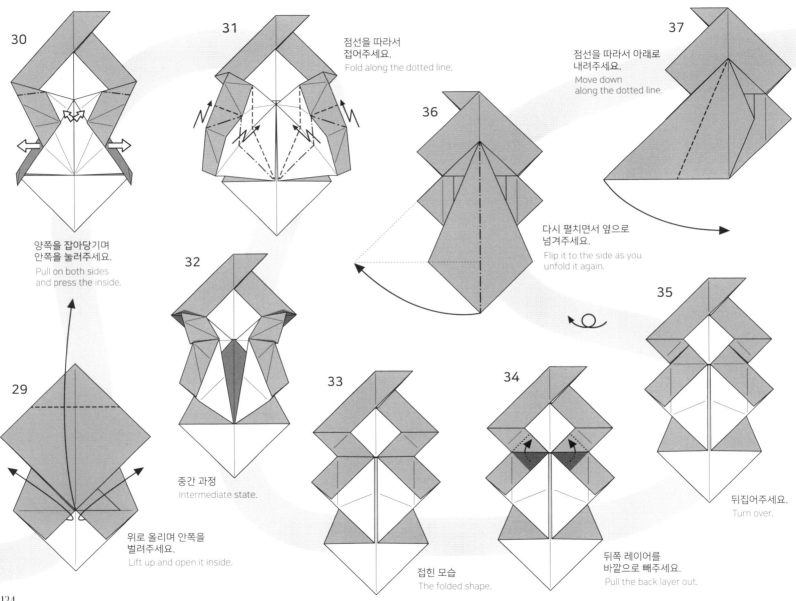

30

31 점선을 따라서
접어주세요.
Fold along the dotted line.

37 점선을 따라서 아래로
내려주세요.
Move down
along the dotted line.

36

양쪽을 잡아당기며
안쪽을 눌러주세요.
Pull on both sides
and press the inside.

다시 펼치면서 옆으로
넘겨주세요.
Flip it to the side as you
unfold it again.

32

35

29

중간 과정
Intermediate state.

33

34

위로 올리며 안쪽을
벌려주세요.
Lift up and open it inside.

접힌 모습
The folded shape.

뒤쪽 레이어를
바깥으로 빼주세요.
Pull the back layer out.

뒤집어주세요.
Turn over.

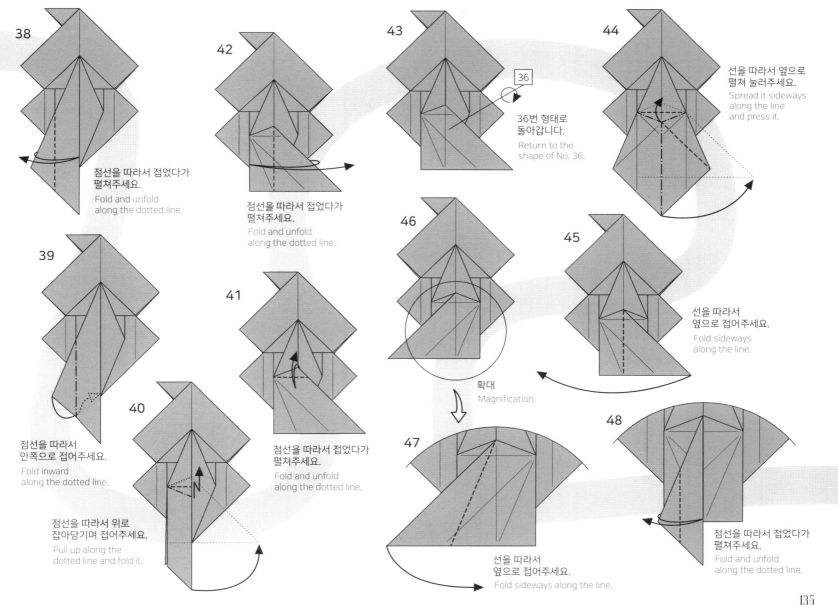

38

점선을 따라서 접었다가
펼쳐주세요.
Fold and unfold
along the dotted line.

39

점선을 따라서
안쪽으로 접어주세요.
Fold inward
along the dotted line.

40

점선을 따라서 위로
잡아당기며 접어주세요.
Pull up along the
dotted line and fold it.

41

점선을 따라서 접었다가
펼쳐주세요.
Fold and unfold
along the dotted line.

42

점선을 따라서 접었다가
펼쳐주세요.
Fold and unfold
along the dotted line.

43

36

36번 형태로
돌아갑니다.
Return to the
shape of No. 36.

44

선을 따라서 옆으로
펼쳐 눌러주세요.
Spread it sideways
along the line
and press it.

45

선을 따라서
옆으로 접어주세요.
Fold sideways
along the line.

46

확대
Magnification.

47

선을 따라서
옆으로 접어주세요.
Fold sideways along the line.

48

점선을 따라서 접었다가
펼쳐주세요.
Fold and unfold
along the dotted line.

51

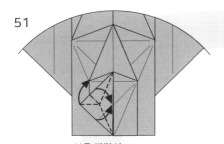

선을 따라서
안쪽으로 모아주세요.
Move inward along the line.

50

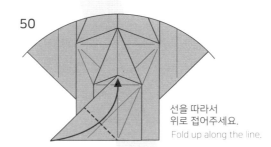

선을 따라서
위로 접어주세요.
Fold up along the line.

49

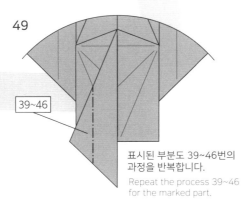

39~46

표시된 부분도 39~46번의
과정을 반복합니다.
Repeat the process 39~46
for the marked part.

52

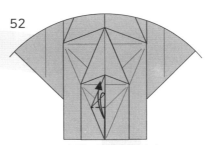

점선을 따라서 접었다가
펼쳐주세요.
Fold and unfold
along the dotted line.

53

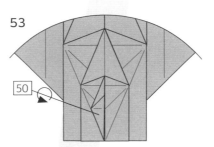

50

50번 형태로 돌아갑니다.
Return to the shape of No. 50.

54

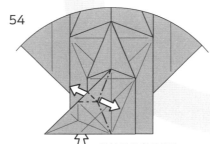

접힌 선을 참고하여
선을 따라 펼치며 접어주세요.
Referring to the fold line,
fold it with spreading along the line.

57

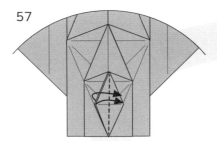

레이어 2겹을 옆으로 넘겨주세요.
Flip the 2 layers to the side.

56

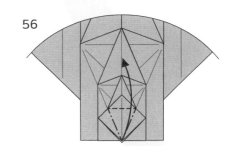

접힌 선을 참고하여
선을 따라 위로 펼쳐주세요.
Refer to the fold line
and spread it up along the line.

55

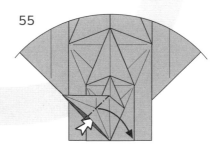

안쪽을 펼치며 아래로 내려주세요.
Unfold the inside and pull it down.

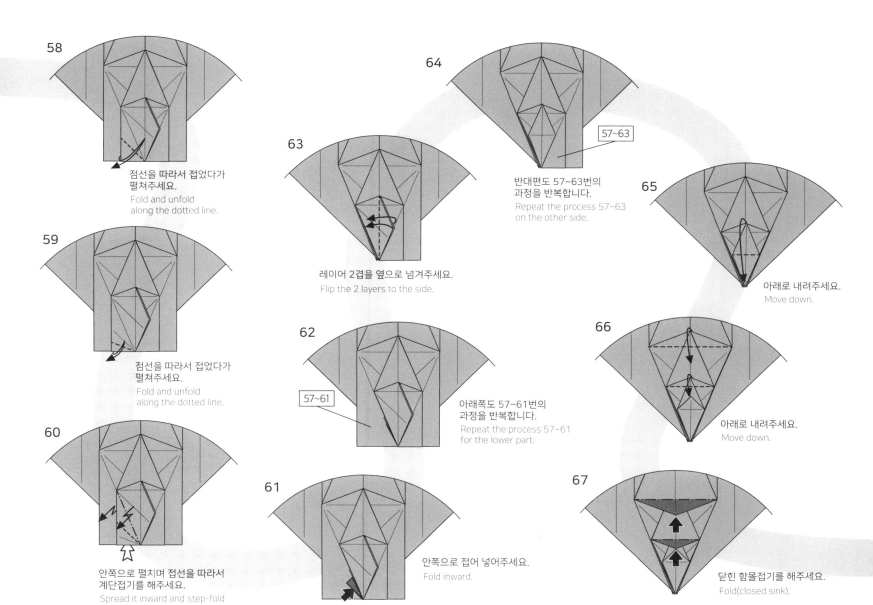

58

점선을 따라서 접었다가
펼쳐주세요.
Fold and unfold
along the dotted line.

59

점선을 따라서 접었다가
펼쳐주세요.
Fold and unfold
along the dotted line.

60

안쪽으로 펼치며 접선을 따라서
계단접기를 해주세요.
Spread it inward and step-fold
along the folded line.

61

안쪽으로 접어 넣어주세요.
Fold inward.

62

57~61

아래쪽도 57~61번의
과정을 반복합니다.
Repeat the process 57~61
for the lower part.

63

레이어 2겹을 옆으로 넘겨주세요.
Flip the 2 layers to the side.

64

57~63

반대편도 57~63번의
과정을 반복합니다.
Repeat the process 57~63
on the other side.

65

아래로 내려주세요.
Move down.

66

아래로 내려주세요.
Move down.

67

닫힌 함몰접기를 해주세요.
Fold(closed sink).

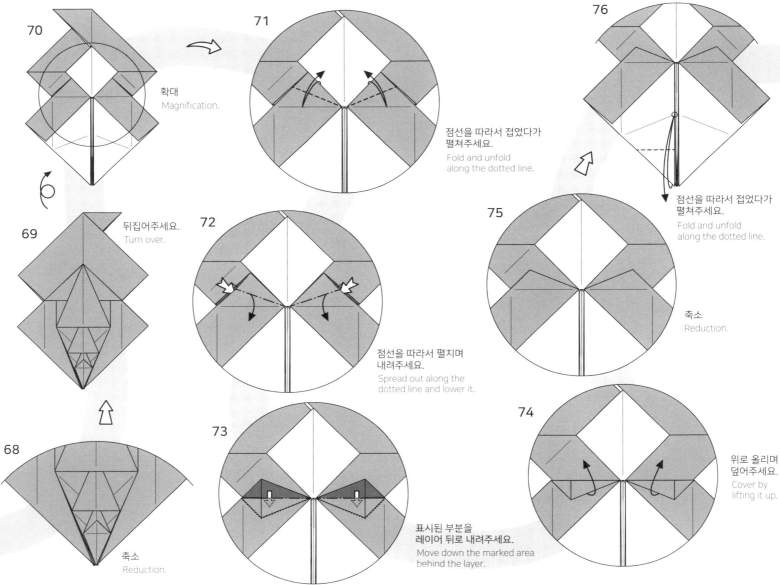

70

확대
Magnification.

71

점선을 따라서 접었다가
펼쳐주세요.
Fold and unfold
along the dotted line.

76

점선을 따라서 접었다가
펼쳐주세요.
Fold and unfold
along the dotted line.

69

뒤집어주세요.
Turn over.

72

점선을 따라서 펼치며
내려주세요.
Spread out along the
dotted line and lower it.

75

축소
Reduction.

68

축소
Reduction.

73

표시된 부분을
레이어 뒤로 내려주세요.
Move down the marked area
behind the layer.

74

위로 올리며
덮어주세요.
Cover by
lifting it up.

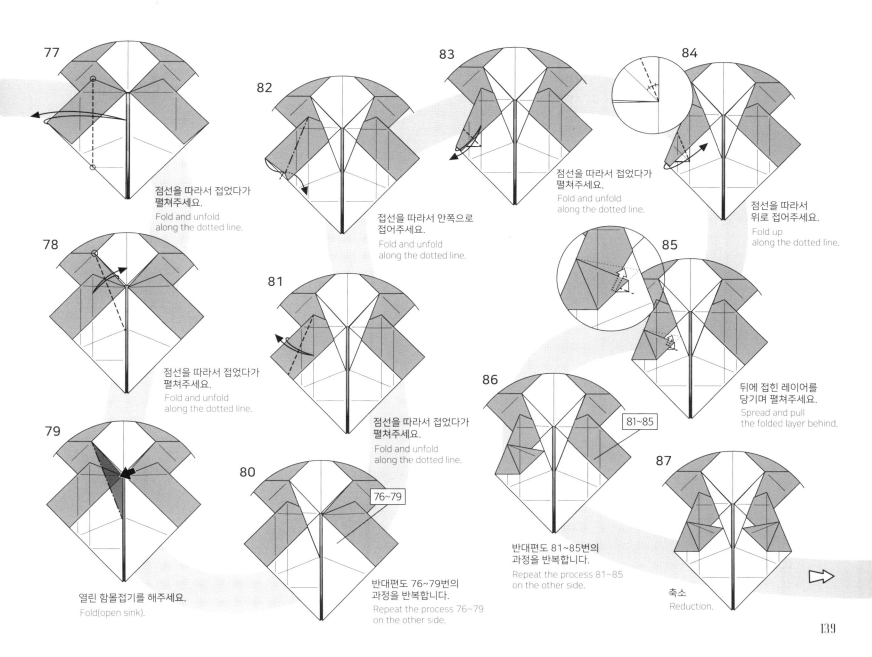

77

점선을 따라서 접었다가
펼쳐주세요.
*Fold and unfold
along the dotted line.*

78

점선을 따라서 접었다가
펼쳐주세요.
*Fold and unfold
along the dotted line.*

79

열린 함몰접기를 해주세요.
Fold(open sink).

82

접선을 따라서 안쪽으로
접어주세요.
*Fold and unfold
along the dotted line.*

81

점선을 따라서 접었다가
펼쳐주세요.
*Fold and unfold
along the dotted line.*

80

76~79

반대편도 76~79번의
과정을 반복합니다.
*Repeat the process 76~79
on the other side.*

83

점선을 따라서 접었다가
펼쳐주세요.
*Fold and unfold
along the dotted line.*

84

점선을 따라서
위로 접어주세요.
*Fold up
along the dotted line.*

85

뒤에 접힌 레이어를
당기며 펼쳐주세요.
*Spread and pull
the folded layer behind.*

86

81~85

반대편도 81~85번의
과정을 반복합니다.
*Repeat the process 81~85
on the other side.*

87

축소
Reduction.

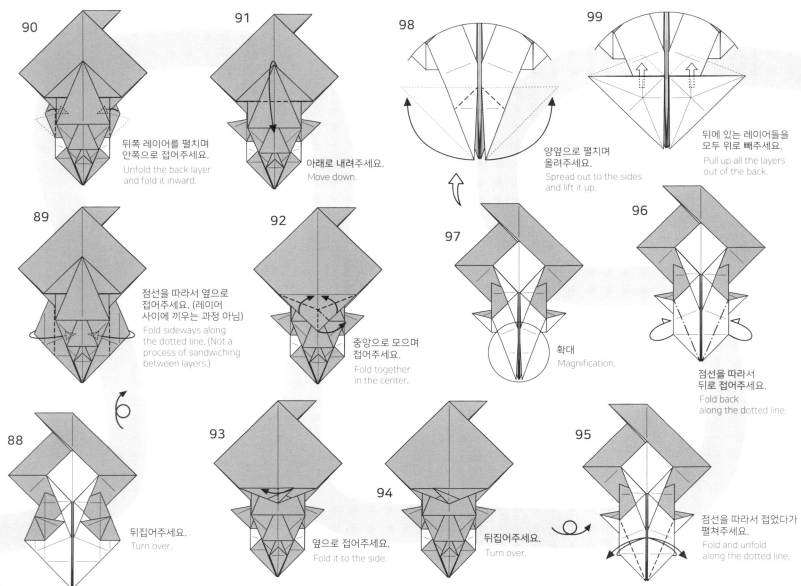

90
뒤쪽 레이어를 펼치며
안쪽으로 접어주세요.
Unfold the back layer
and fold it inward.

91
아래로 내려주세요.
Move down.

98
양옆으로 펼치며
올려주세요.
Spread out to the sides
and lift it up.

99
뒤에 있는 레이어들을
모두 위로 빼주세요.
Pull up all the layers
out of the back.

89
점선을 따라서 옆으로
접어주세요. (레이어
사이에 끼우는 과정 아님)
Fold sideways along
the dotted line. (Not a
process of sandwiching
between layers.)

92
중앙으로 모으며
접어주세요.
Fold together
in the center.

97
확대
Magnification.

96
점선을 따라서
뒤로 접어주세요.
Fold back
along the dotted line.

88
뒤집어주세요.
Turn over.

93
옆으로 접어주세요.
Fold it to the side.

94
뒤집어주세요.
Turn over.

95
점선을 따라서 접었다가
펼쳐주세요.
Fold and unfold
along the dotted line.

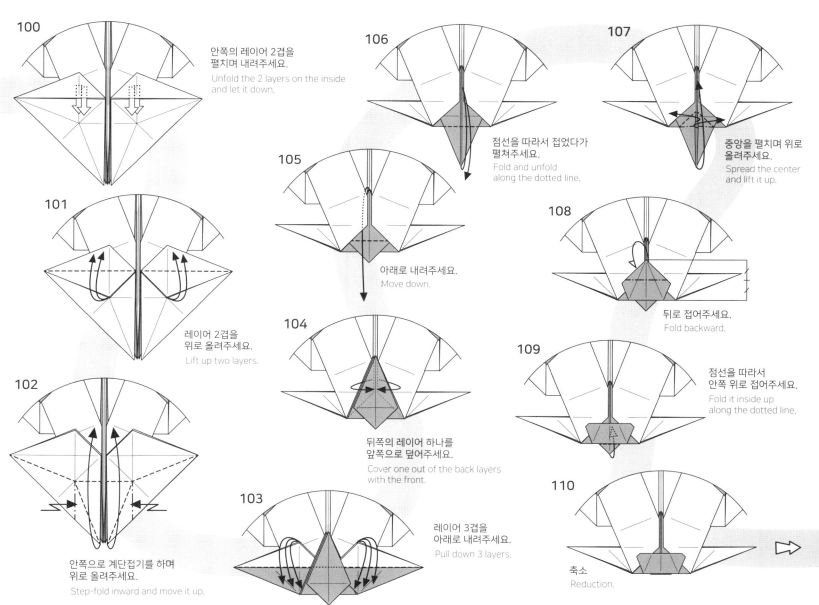

100

안쪽의 레이어 2겹을
펼치며 내려주세요.
Unfold the 2 layers on the inside
and let it down.

101

레이어 2겹을
위로 올려주세요.
Lift up two layers.

102

안쪽으로 계단접기를 하며
위로 올려주세요.
Step-fold inward and move it up.

103

레이어 3겹을
아래로 내려주세요.
Pull down 3 layers.

104

뒤쪽의 레이어 하나를
앞쪽으로 덮어주세요.
Cover one out of the back layers
with the front.

105

아래로 내려주세요.
Move down.

106

점선을 따라서 접었다가
펼쳐주세요.
Fold and unfold
along the dotted line.

107

중앙을 펼치며 위로
올려주세요.
Spread the center
and lift it up.

108

뒤로 접어주세요.
Fold backward.

109

점선을 따라서
안쪽 위로 접어주세요.
Fold it inside up
along the dotted line.

110

축소
Reduction.

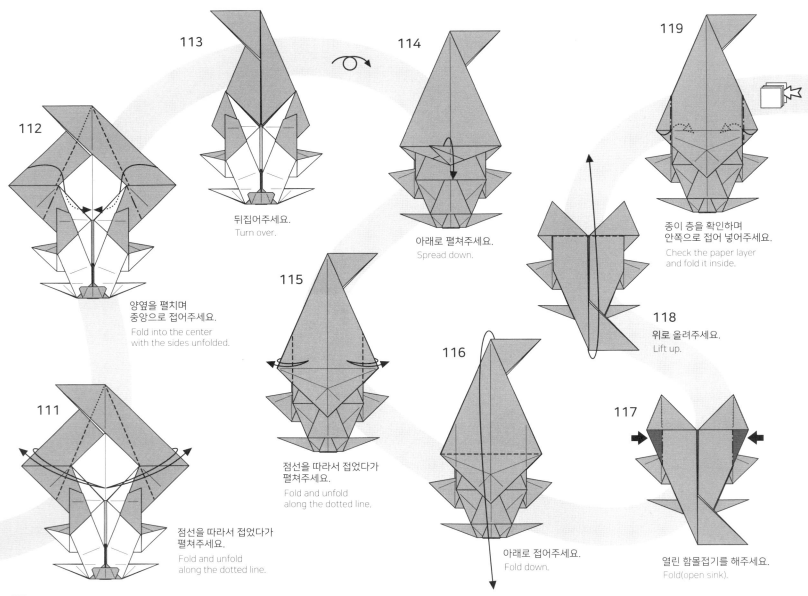

112

양옆을 펼치며
중앙으로 접어주세요.
Fold into the center
with the sides unfolded.

111

점선을 따라서 접었다가
펼쳐주세요.
Fold and unfold
along the dotted line.

113

뒤집어주세요.
Turn over.

114

아래로 펼쳐주세요.
Spread down.

115

점선을 따라서 접었다가
펼쳐주세요.
Fold and unfold
along the dotted line.

116

아래로 접어주세요.
Fold down.

117

열린 함몰접기를 해주세요.
Fold(open sink).

118

위로 올려주세요.
Lift up.

119

종이 층을 확인하며
안쪽으로 접어 넣어주세요.
Check the paper layer
and fold it inside.

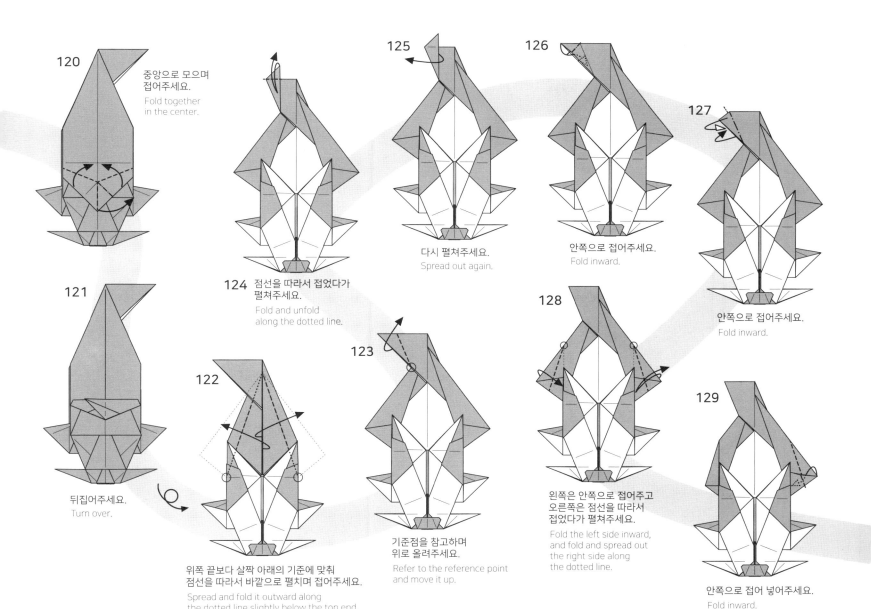

120 중앙으로 모으며
접어주세요.
Fold together
in the center.

121

뒤집어주세요.
Turn over.

122 위쪽 끝보다 살짝 아래의 기준에 맞춰
점선을 따라서 바깥으로 펼치며 접어주세요.
Spread and fold it outward along
the dotted line slightly below the top end.

123 기준점을 참고하며
위로 올려주세요.
Refer to the reference point
and move it up.

124 점선을 따라서 접었다가
펼쳐주세요.
Fold and unfold
along the dotted line.

125 다시 펼쳐주세요.
Spread out again.

126 안쪽으로 접어주세요.
Fold inward.

127 안쪽으로 접어주세요.
Fold inward.

128 왼쪽은 안쪽으로 접어주고
오른쪽은 점선을 따라서
접었다가 펼쳐주세요.
Fold the left side inward,
and fold and spread out
the right side along
the dotted line.

129 안쪽으로 접어 넣어주세요.
Fold inward.

143

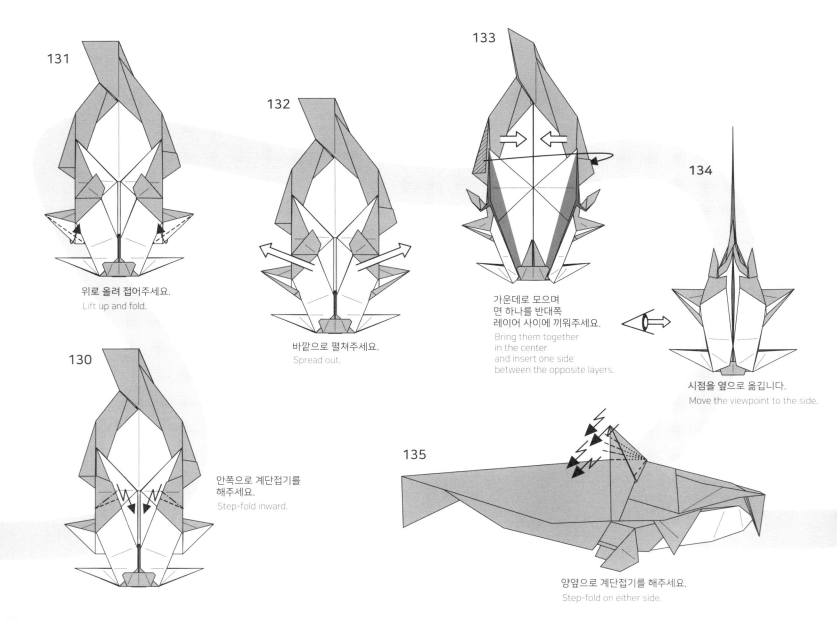

131

위로 올려 접어주세요.
Lift up and fold.

132

바깥으로 펼쳐주세요.
Spread out.

133

가운데로 모으며
면 하나를 반대쪽
레이어 사이에 끼워주세요.
Bring them together
in the center
and insert one side
between the opposite layers.

134

시점을 옆으로 옮깁니다.
Move the viewpoint to the side.

130

안쪽으로 계단접기를
해주세요.
Step-fold inward.

135

양옆으로 계단접기를 해주세요.
Step-fold on either side.

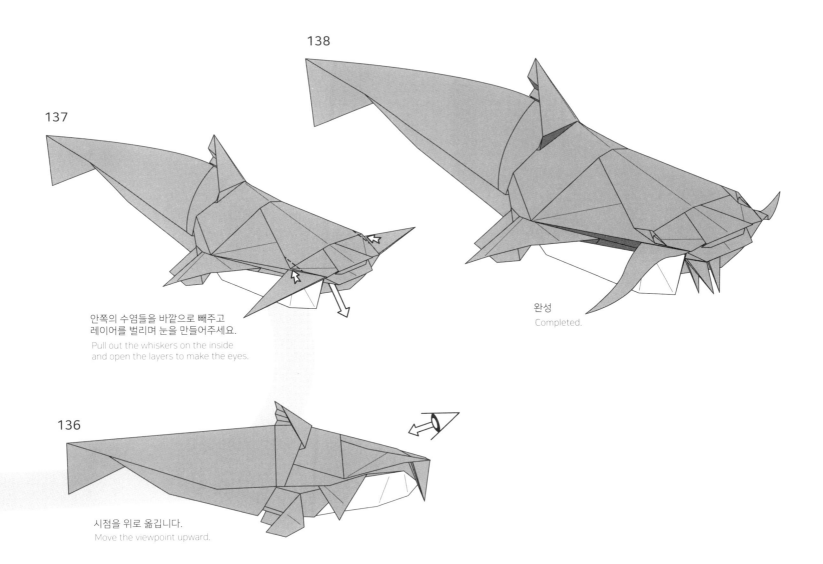

138

137

안쪽의 수염들을 바깥으로 빼주고
레이어를 벌리며 눈을 만들어주세요.
Pull out the whiskers on the inside
and open the layers to make the eyes.

완성
Completed.

136

시점을 위로 옮깁니다.
Move the viewpoint upward.

엔젤피쉬 | ANGELFISH

50×50cm, 풀 먹인 한지

이 책에서 가장 어려운 작품이지만, 기본적인 형태는 비교적 간단하여 초반 선 내기 과정이 거의 없다 보니 피로도는 덜합니다. 다만 가지가 길고 많기 때문에 비오톱 같은 종이로는 접기에 어려움이 있습니다. 따라서 평량 40~50g/㎡(gsm) 정도의 크라프트지나 한지를 사용하는 것이 더 적합합니다. 책에는 지느러미를 펼친 모습을 보여주고 있지만 지느러미를 접은 형태로 연출하면 물고기가 헤엄치는 모습을 더욱 생동감 있게 표현할 수 있습니다.

Angelfish is the most difficult work in the book, but the basic form is relatively simple, making it easy with very little initial line-making. However, since the branches are long and numerous, it may be difficult to fold them with a biotope of paper. Therefore, it is more suitable to use kraft paper or hanji with a basis weight of about 40~50gsm. In the photo, the fins are shown with their fins unfolded, but if the fins are folded, you can make the angelfish swim more vividly.

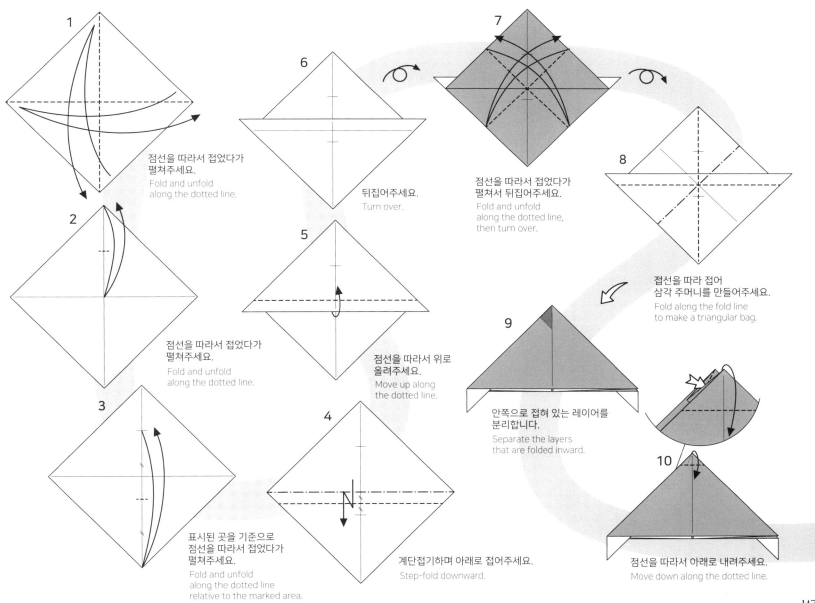

1

점선을 따라서 접었다가
펼쳐주세요.
Fold and unfold
along the dotted line.

2

점선을 따라서 접었다가
펼쳐주세요.
Fold and unfold
along the dotted line.

3

표시된 곳을 기준으로
점선을 따라서 접었다가
펼쳐주세요.
Fold and unfold
along the dotted line
relative to the marked area.

4

계단접기하며 아래로 접어주세요.
Step-fold downward.

5

점선을 따라서 위로
올려주세요.
Move up along
the dotted line.

6

뒤집어주세요.
Turn over.

7

점선을 따라서 접었다가
펼쳐서 뒤집어주세요.
Fold and unfold
along the dotted line,
then turn over.

8

접선을 따라 접어
삼각 주머니를 만들어주세요.
Fold along the fold line
to make a triangular bag.

9

안쪽으로 접혀 있는 레이어를
분리합니다.
Separate the layers
that are folded inward.

10

점선을 따라서 아래로 내려주세요.
Move down along the dotted line.

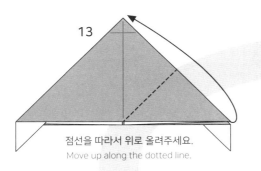

13

점선을 따라서 위로 올려주세요.
Move up along the dotted line.

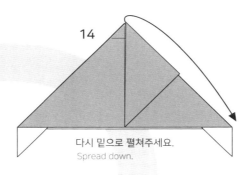

14

다시 밑으로 펼쳐주세요.
Spread down.

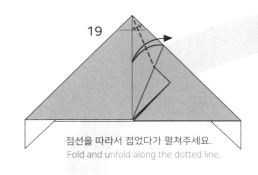

19

점선을 따라서 접었다가 펼쳐주세요.
Fold and unfold along the dotted line.

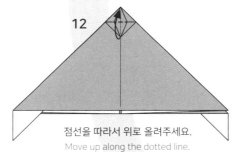

12

점선을 따라서 위로 올려주세요.
Move up along the dotted line.

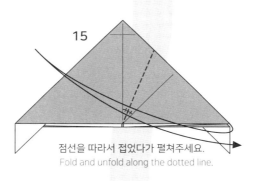

15

점선을 따라서 접었다가 펼쳐주세요.
Fold and unfold along the dotted line.

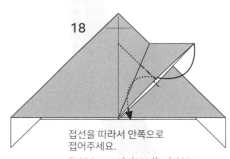

18

접선을 따라서 안쪽으로
접어주세요.
Fold it inward along the fold line.

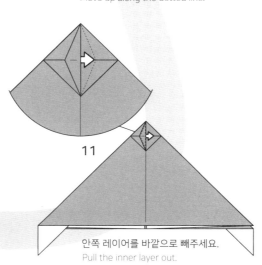

11

안쪽 레이어를 바깥으로 빼주세요.
Pull the inner layer out.

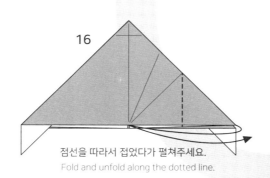

16

점선을 따라서 접었다가 펼쳐주세요.
Fold and unfold along the dotted line.

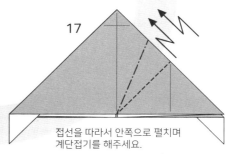

17

접선을 따라서 안쪽으로 펼치며
계단접기를 해주세요.
Spread inward along the fold line
and step fold.

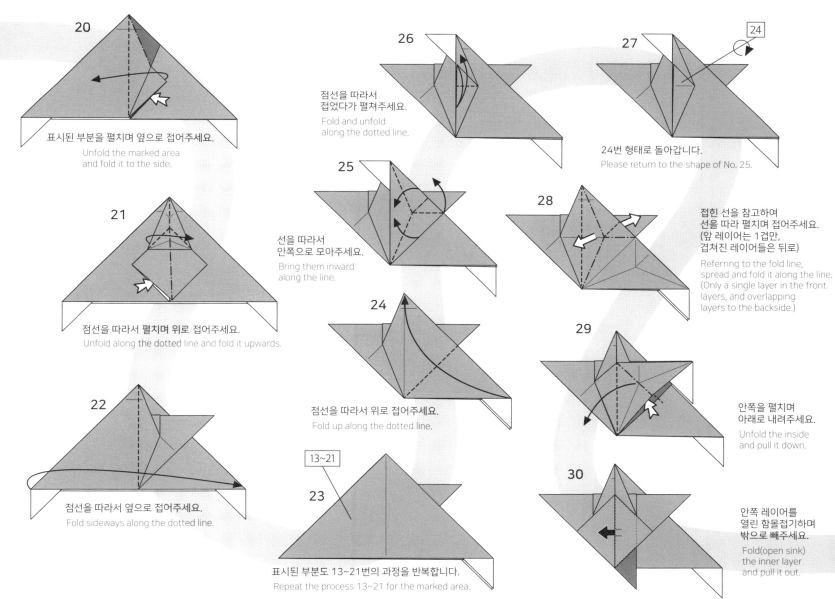

20

표시된 부분을 펼치며 옆으로 접어주세요.

Unfold the marked area
and fold it to the side.

21

점선을 따라서 펼치며 위로 접어주세요.

Unfold along the dotted line and fold it upwards.

22

점선을 따라서 옆으로 접어주세요.

Fold sideways along the dotted line.

23

13~21

표시된 부분도 13~21번의 과정을 반복합니다.

Repeat the process 13~21 for the marked area.

24

점선을 따라서 위로 접어주세요.

Fold up along the dotted line.

25

선을 따라서
안쪽으로 모아주세요.

Bring them inward
along the line.

26

점선을 따라서
접었다가 펼쳐주세요.

Fold and unfold
along the dotted line.

27

24

24번 형태로 돌아갑니다.

Please return to the shape of No. 25.

28

접힌 선을 참고하여
선을 따라 펼치며 접어주세요.
(앞 레이어는 1겹만,
겹쳐진 레이어들은 뒤로)

Referring to the fold line,
spread and fold it along the line.
(Only a single layer in the front
layers, and overlapping
layers to the backside.)

29

안쪽을 펼치며
아래로 내려주세요.

Unfold the inside
and pull it down.

30

안쪽 레이어를
열린 함몰접기하며
밖으로 빼주세요.

Fold(open sink)
the inner layer
and pull it out.

33

점선을 따라서
접었다가 펼쳐주세요.
Fold and unfold
along the dotted line.

34

접힌 선을 참고하여
선을 따라 위로
펼쳐주세요.
Refer to the fold line
and spread it up along the line.

39

열린 함몰접기를 해주세요.
Fold(open sink).

32

점선을 따라서
옆으로 접어주세요.
Fold sideways
along the dotted line.

35

점선을 따라서
아래로 내려주세요.
Move down
along the dotted line.

38

점선을 따라서 접었다가
펼쳐주세요.
(반대편도 같이 진행 38~43)
Fold and unfold along
the dotted line. (The other side
is also going on 38~43.)

31

점선을 따라서 접었다가
펼쳐주세요.
Fold and unfold
along the dotted line.

36

점선을 따라서
옆으로 접어주세요.
Fold sideways
along the dotted line.

24~36

37

표시된 부분도 24~36번의 과정을 반복합니다.
Repeat the process 24~36 times for the marked area.

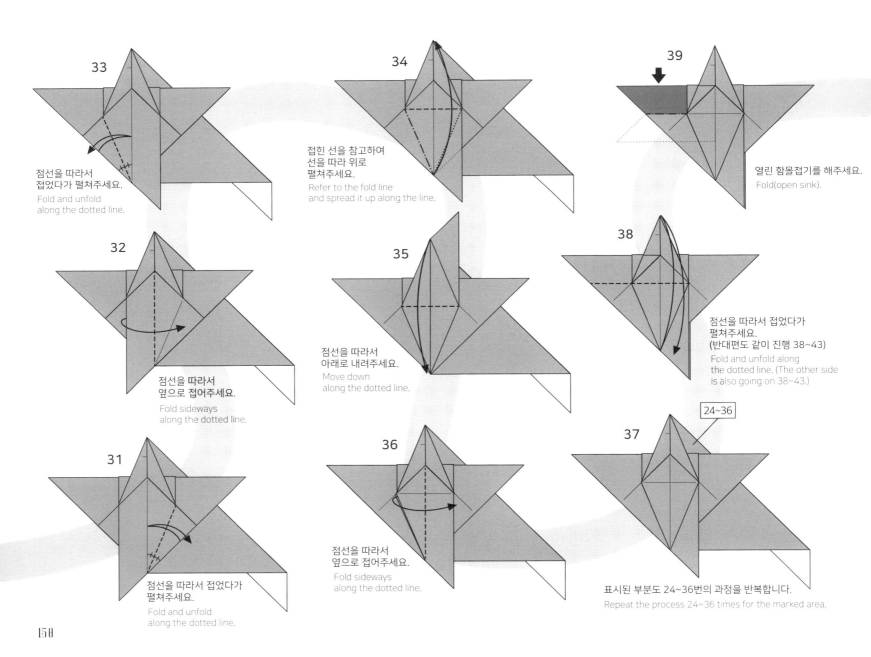

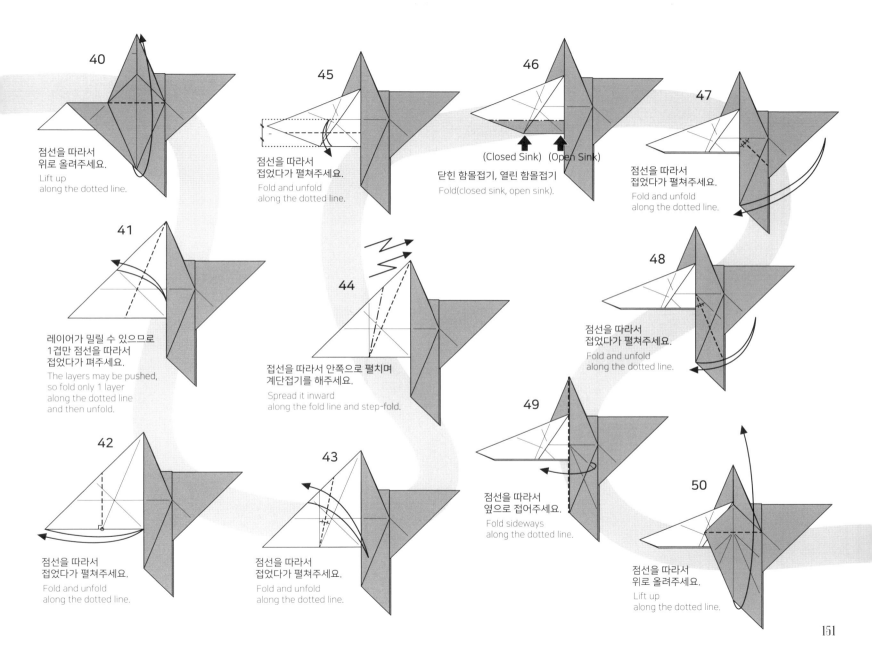

40

점선을 따라서
위로 올려주세요.

Lift up
along the dotted line.

41

레이어가 밀릴 수 있으므로
1겹만 점선을 따라서
접었다가 펴주세요.

The layers may be pushed,
so fold only 1 layer
along the dotted line
and then unfold.

42

점선을 따라서
접었다가 펼쳐주세요.

Fold and unfold
along the dotted line.

43

점선을 따라서
접었다가 펼쳐주세요.

Fold and unfold
along the dotted line.

44

접선을 따라서 안쪽으로 펼치며
계단접기를 해주세요.

Spread it inward
along the fold line and step-fold.

45

점선을 따라서
접었다가 펼쳐주세요.

Fold and unfold
along the dotted line.

46

(Closed Sink)   (Open Sink)

닫힌 함몰접기, 열린 함몰접기

Fold(closed sink, open sink).

47

점선을 따라서
접었다가 펼쳐주세요.

Fold and unfold
along the dotted line.

48

점선을 따라서 접었다가 펼쳐주세요.

Fold and unfold
along the dotted line.

49

점선을 따라서
옆으로 접어주세요.

Fold sideways
along the dotted line.

50

점선을 따라서
위로 올려주세요.

Lift up
along the dotted line.

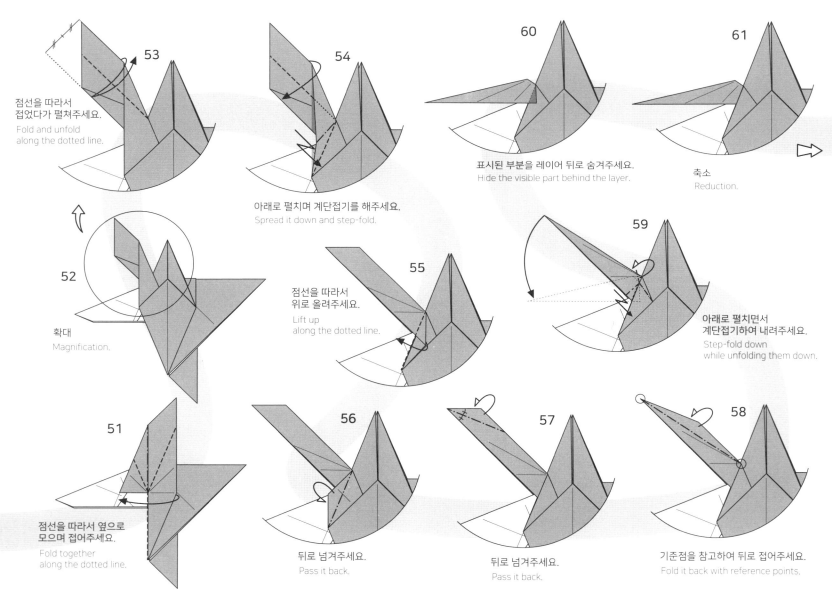

53

점선을 따라서
접었다가 펼쳐주세요.
Fold and unfold
along the dotted line.

54

아래로 펼치며 계단접기를 해주세요.
Spread it down and step-fold.

60

표시된 부분을 레이어 뒤로 숨겨주세요.
Hide the visible part behind the layer.

61

축소
Reduction.

52

확대
Magnification.

55

점선을 따라서
위로 올려주세요.
Lift up
along the dotted line.

59

아래로 펼치면서
계단접기하여 내려주세요.
Step-fold down
while unfolding them down.

51

점선을 따라서 옆으로
모으며 접어주세요.
Fold together
along the dotted line.

56

뒤로 넘겨주세요.
Pass it back.

57

뒤로 넘겨주세요.
Pass it back.

58

기준점을 참고하여 뒤로 접어주세요.
Fold it back with reference points.

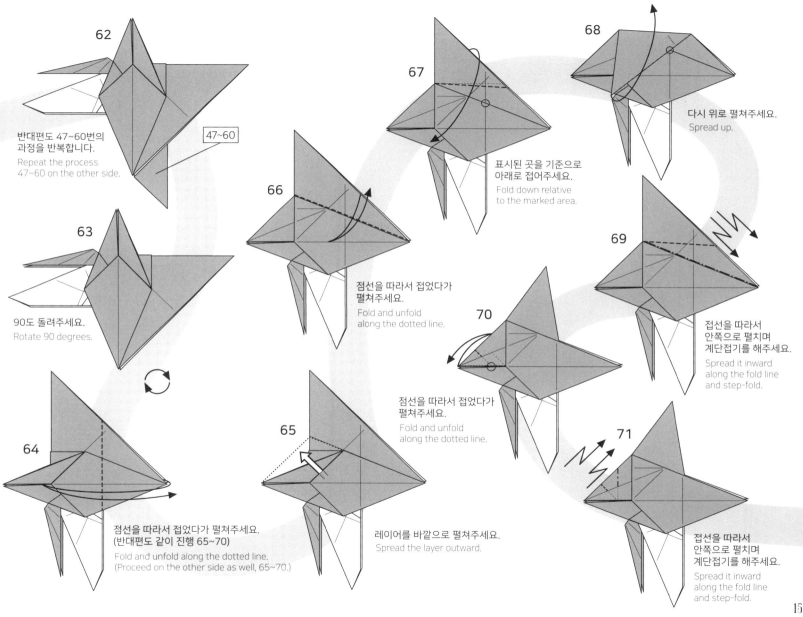

62

반대편도 47~60번의
과정을 반복합니다.
Repeat the process
47~60 on the other side.

47~60

63

90도 돌려주세요.
Rotate 90 degrees.

64

점선을 따라서 접었다가 펼쳐주세요.
(반대편도 같이 진행 65~70)
Fold and unfold along the dotted line.
(Proceed on the other side as well, 65~70.)

65

레이어를 바깥으로 펼쳐주세요.
Spread the layer outward.

66

점선을 따라서 접었다가
펼쳐주세요.
Fold and unfold
along the dotted line.

67

표시된 곳을 기준으로
아래로 접어주세요.
Fold down relative
to the marked area.

68

다시 위로 펼쳐주세요.
Spread up.

69

접선을 따라서
안쪽으로 펼치며
계단접기를 해주세요.
Spread it inward
along the fold line
and step-fold.

70

점선을 따라서 접었다가
펼쳐주세요.
Fold and unfold
along the dotted line.

71

접선을 따라서
안쪽으로 펼치며
계단접기를 해주세요.
Spread it inward
along the fold line
and step-fold.

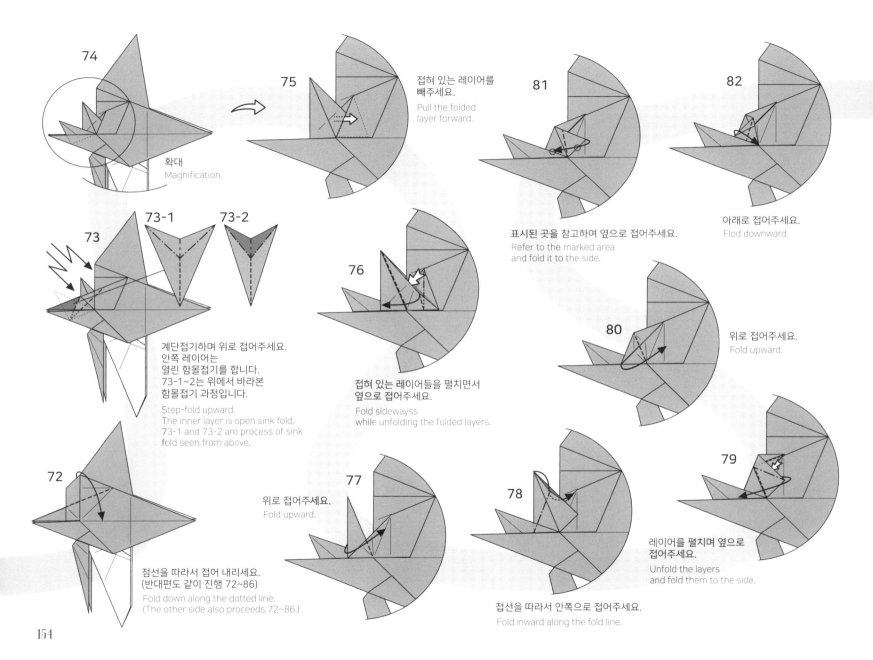

74
확대
Magnification.

75
접혀 있는 레이어를 빼주세요.
Pull the folded layer forward.

81

82
아래로 접어주세요.
Flod downward.

표시된 곳을 참고하여 옆으로 접어주세요.
Refer to the marked area and fold it to the side.

73-1   73-2

73
계단접기하며 위로 접어주세요.
안쪽 레이어는
열린 함몰접기를 합니다.
73-1~2는 위에서 바라본
함몰접기 과정입니다.

Step-fold upward.
The inner layer is open sink fold.
73-1 and 73-2 are process of sink fold seen from above.

76
접혀 있는 레이어들을 펼치면서
옆으로 접어주세요.
Fold sidewayss while unfolding the folded layers.

80
위로 접어주세요.
Fold upward.

79
레이어를 펼치며 옆으로
접어주세요.
Unfold the layers and fold them to the side.

72
점선을 따라서 접어 내리세요.
(반대편도 같이 진행 72~86)
Fold down along the dotted line.
(The other side also proceeds 72~86.)

77
위로 접어주세요.
Fold upward.

78
접선을 따라서 안쪽으로 접어주세요.
Fold inward along the fold line.

154

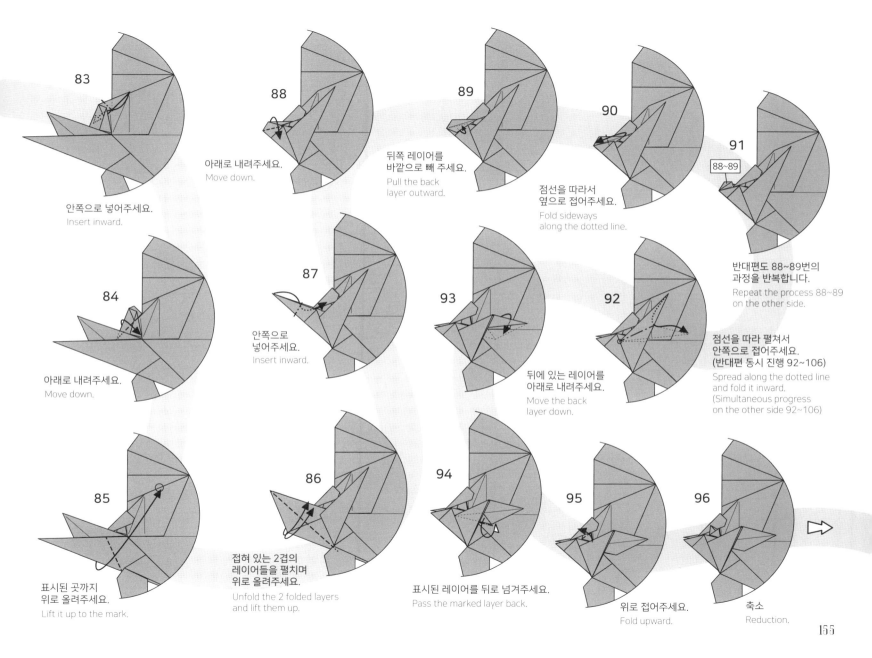

83

안쪽으로 넣어주세요.
Insert inward.

84

아래로 내려주세요.
Move down.

85

표시된 곳까지
위로 올려주세요.
Lift it up to the mark.

86

접혀 있는 2겹의
레이어들을 펼치며
위로 올려주세요.
Unfold the 2 folded layers
and lift them up.

87

안쪽으로
넣어주세요.
Insert inward.

88

아래로 내려주세요.
Move down.

89

뒤쪽 레이어를
바깥으로 빼 주세요.
Pull the back
layer outward.

90

점선을 따라서
옆으로 접어주세요.
Fold sideways
along the dotted line.

91

88~89

반대편도 88~89번의
과정을 반복합니다.
Repeat the process 88~89
on the other side.

92

점선을 따라 펼쳐서
안쪽으로 접어주세요.
(반대편 동시 진행 92~106)
Spread along the dotted line
and fold it inward.
(Simultaneous progress
on the other side 92~106)

93

뒤에 있는 레이어를
아래로 내려주세요.
Move the back
layer down.

94

표시된 레이어를 뒤로 넘겨주세요.
Pass the marked layer back.

95

위로 접어주세요.
Fold upward.

96

축소
Reduction.

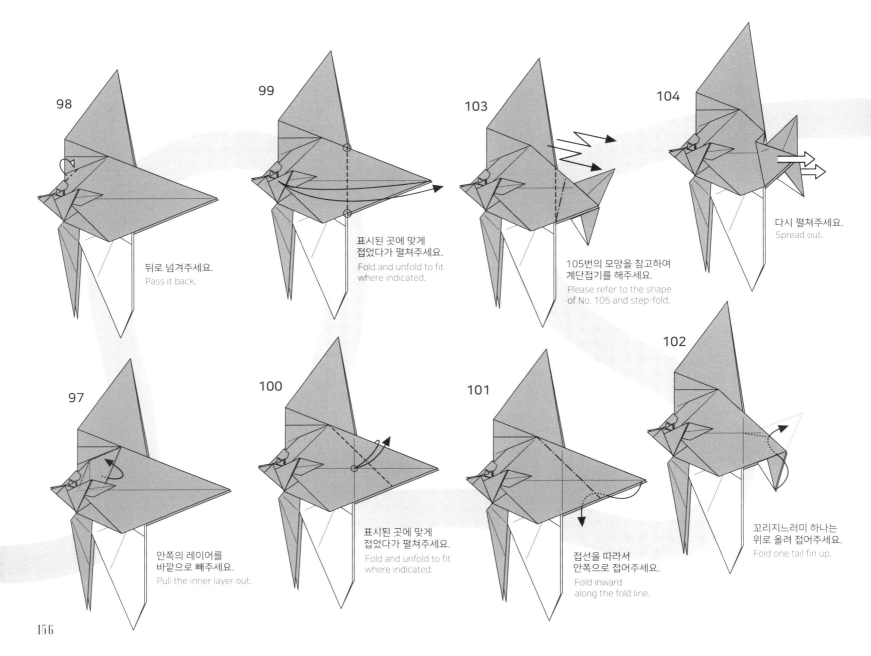

98

뒤로 넘겨주세요.
Pass it back.

99

표시된 곳에 맞게
접었다가 펼쳐주세요.
Fold and unfold to fit
where indicated.

103

105번의 모양을 참고하여
계단접기를 해주세요.
Please refer to the shape
of No. 105 and step-fold.

104

다시 펼쳐주세요.
Spread out.

97

안쪽의 레이어를
바깥으로 빼주세요.
Pull the inner layer out.

100

표시된 곳에 맞게
접었다가 펼쳐주세요.
Fold and unfold to fit
where indicated.

101

접선을 따라서
안쪽으로 접어주세요.
Fold inward
along the fold line.

102

꼬리지느러미 하나는
위로 올려 접어주세요.
Fold one tail fin up.

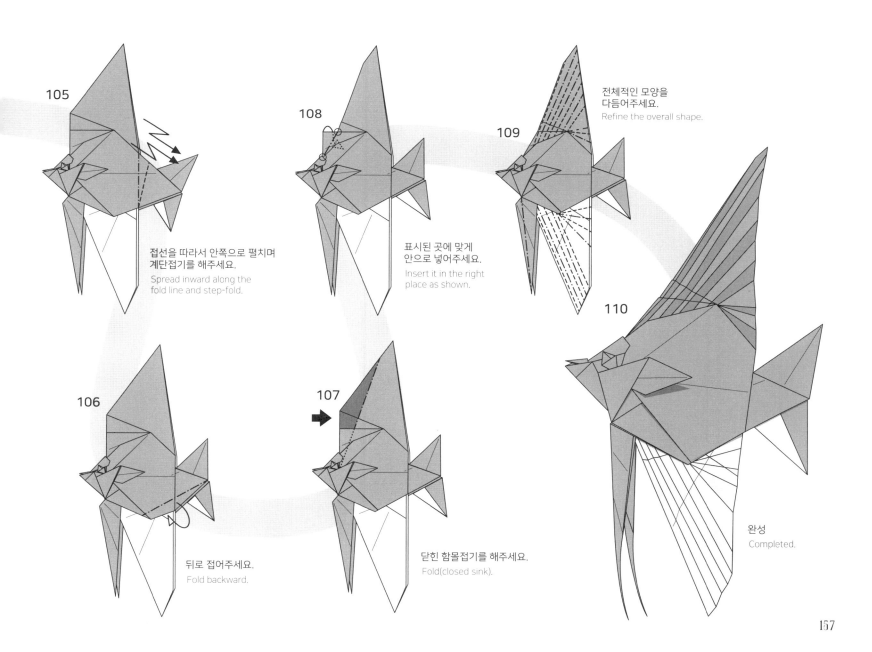

105

접선을 따라서 안쪽으로 펼치며
계단접기를 해주세요.
Spread inward along the
fold line and step-fold.

106

뒤로 접어주세요.
Fold backward.

107

닫힌 함몰접기를 해주세요.
Fold(closed sink).

108

표시된 곳에 맞게
안으로 넣어주세요.
Insert it in the right
place as shown.

109

전체적인 모양을
다듬어주세요.
Refine the overall shape.

110

완성
Completed.

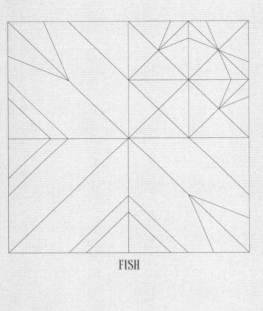

FISH

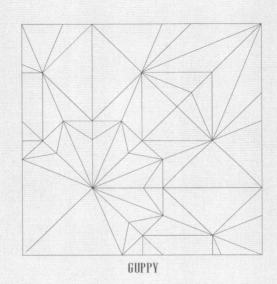

GUPPY

YELLOW TANG

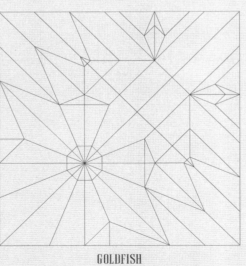

GOLDFISH

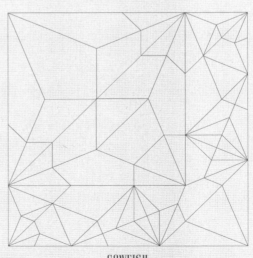

COWFISH

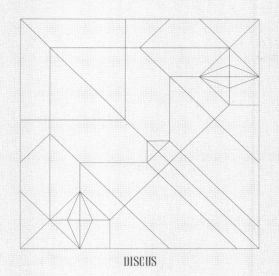

DISCUS

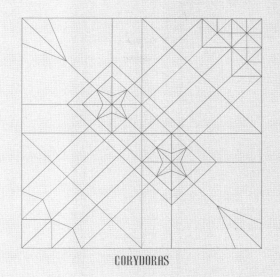

CORYDORAS

MUDSKIPPER

CATFISH

ANGELFISH

종이접기 조형 작가 맹형규 작품집

오리가미 폴라리스 NO.1 물고기 편

1판 1쇄 발행   2025년 06월 10일

지은이 ㅣ 맹형규
발행인 ㅣ 박상희
번역 ㅣ 정태경
감수 ㅣ 오경해
편집 ㅣ 강지예
디자인 ㅣ 박승아, 이시은, 박민지

펴낸곳 ㅣ 블랙잉크
출판등록 ㅣ 2023년 3월 16일, 제2023-00001호
주소 ㅣ 충청북도 음성군 삼성면 금일로1193번길 47 나동 1층 (27645)
전화 ㅣ 070) 8119 - 1867
팩스 ㅣ 02) 541 - 1867
전자우편(도서 및 기타 문의) ㅣ sangcom2020@naver.com
인스타그램 ㅣ www.instagram.com/Black_ink_main

블랙잉크는 커뮤니케이션그룹 상컴퍼니의 실용서 단행본 브랜드입니다.